出るナビ

中学歴史

Gakken

はじめに

『出るナビ』で必出暗記ポイントをマスター

中学生のみなさんにとって，年に数回実施される「定期テスト」は，成績を左右する重要なイベントですね。そして，この定期テストの得点は，先々の高校入試まで関係してくるので，だれもが高得点を取りたいという願望があることと思います。

さて，テストの問題には，みなさんの考える力や表現する力などをみるタイプのものもありますが，どうしても覚えておかなければ答えられないタイプの問題も少なくありません。毎日学校でたくさんのことを学習し，テストで問われることが多い内容やそれほどでもない内容が次々に頭に入ってくるわけですが，それらをすべて頭の中に入れておくことは難しいですね。また，定期テスト前には複数の教科の勉強をしなければなりませんから，テスト対策勉強の時間にも限りがあります。

そこで，テスト前に短時間で効率的に「テストに出る要点や内容」をつかむための，ナビゲーター役の本をつくりました。この本を使うことで，覚えるべきことは確実に覚えられ，付属の赤フィルターも暗記と確認を助けます。覚えておくことで獲得できる点数はしっかりゲットする！「出るナビ」を手にして，定期テストの得点アップの道を進まれることを願っています。

学研教育出版

本書の特長と使い方

1）定期テストに出る要点にしぼって収録

小項目ごとの見開き構成で，それぞれテスト必出の要点や内容がコンパクトにまとめられている。テスト対策の短時間学習において，さらに，テスト中の休み時間での直前確認までフルに活用できる。

2）見やすい誌面と赤フィルター活用で，確実に要点ゲット

デザイン，色使いなどに工夫をこらし，すっきりとした誌面で，要点がしっかりつかめる。また，最重要の用語やポイントは赤フィルターをのせると消えるようになっていて，確実に覚えられたかどうか確認できる。

3）テストで点を取るためのさまざまな工夫

各項目でまちがいやすい内容を取り上げた「ミス注意」や，テストでさらなる得点アップをねらえるポイントをまとめた「満点への道」などのコーナーが充実。テスト直前は「テストの例題チェック」で重要事項を最終確認できる。

〈各項目の基本構成〉

要点を簡潔に整理
「ミス注意」や「満点への道」などで得点アップをサポート
「テストでは」で，どんなところがねらわれるかをアドバイス
「テストの例題チェック」
5 弥生時代
テストの例題

4）巻末には，さくいんをかねた最終チェックリストつき

巻末では，覚えておくべき「歴史人物・重要事項」を厳選してリストアップしている。学年末の総復習にぴったり。

もくじ

●本書の特長と使い方…… 3
●歴史学習の約束事…… 7

第1章
文明のおこりと日本

① 人類の始まり…… 8
② 古代文明のおこり…… 10
③ アジアと地中海の古代文明…… 12
④ 日本のあけぼの…… 14
⑤ 弥生時代…… 16
⑥ 大和政権と古墳文化…… 18

第2章
古代国家のあゆみ

⑦ 聖徳太子の政治…… 20
⑧ 大化の改新と律令国家…… 22
⑨ 平城京と天平文化…… 24
⑩ 平安京と貴族の政治…… 26
⑪ 大陸の動きと国風文化…… 28

第3章
中世社会の展開

⑫ 武士のおこりと成長…… 30
⑬ 鎌倉幕府の成立…… 32
⑭ 鎌倉時代の社会…… 34
⑮ 新しい仏教と鎌倉文化…… 36
⑯ 元寇と鎌倉幕府の滅亡…… 38
⑰ 室町幕府の成立…… 40
⑱ 勘合貿易と東アジア…… 42
⑲ 民衆の成長と戦国大名…… 44
⑳ 室町時代の文化…… 46

第4章
ヨーロッパの動きと全国統一

㉑ ヨーロッパ世界の形成と発展…… 48
㉒ ルネサンスと宗教改革…… 50
㉓ 大航海時代…… 52
㉔ ヨーロッパ人の来航と織田信長…… 54
㉕ 豊臣秀吉の政策と桃山文化…… 56

第5章
近世社会の展開

㉖ 江戸幕府の成立……58
㉗ 江戸時代の社会……60
㉘ 鎖　国……62
㉙ 産業と都市の発達……64
㉚ 享保の改革と元禄文化……66
㉛ 社会の変化と寛政の改革……68
㉜ 新しい学問と化政文化……70

第6章
ヨーロッパの近代化とアジア

㉝ 絶対王政と近代革命……72
㉞ アメリカの独立とフランス革命……74
㉟ 産業革命と欧米諸国の発展……76
㊱ 欧米諸国のアジア侵略……78
㊲ 幕府政治のくずれ……80
㊳ 開　国……82
㊴ 江戸幕府の滅亡……84

第7章
近代日本の成立と発展

㊵ 明治維新……86
㊶ 富国強兵と殖産興業……88
㊷ 立憲政治の始まり……90
㊸ 条約改正と日清戦争……92
㊹ 帝国主義と日露戦争……94
㊺ 日本の産業革命……96
㊻ 近代文化の形成……98

第8章
二度の世界大戦と日本

㊼ 第一次世界大戦……100
㊽ 第一次世界大戦後の世界……102
㊾ 大正デモクラシーと文化……104
㊿ 世界恐慌とファシズムの台頭……106
51 日本の中国侵略……108
52 第二次世界大戦……110

もくじ

第9章 現代の日本と世界

㊼ 占領下の日本……112
㊽ 民主化と日本国憲法……114
㊾ 国際連合と戦後の世界……116
㊿ 独立の回復と55年体制……118
57 緊張緩和と日本の外交……120
58 日本の高度経済成長……122
59 冷戦後の国際社会……124
60 変化のなかの日本……126

●最終チェックリスト……128

●写真協力

明治大学博物館・国学院大学考古資料館・いわき市教育委員会・静岡市登呂博物館・東京大学総合研究博物館・福岡市博物館・宮内庁・みずほ銀行・奈良文化財研究所・正倉院事務所・五島美術館・国立歴史民俗博物館・神護寺・東大寺・菊池神社・石山寺・鹿苑寺・慈照寺・東京国立博物館・神戸市立博物館・憲政記念館・東京大学史料編纂所・東京大学法学部明治新聞雑誌文庫・宇都宮美術館・日本漫画資料館・東京文化財研究所・日本ロシア語情報図書館・時事通信社・ＢＡＬ・ＳＳＰＬ・学研写真資料センター

●編集協力…望出版
●本文デザイン…プライム・ツゥー
●DTP…明昌堂

歴史学習の約束事

年代や世紀の数え方

1 年号(元号)

① ある年を元年として年数を数える方法である。

② 日本では，645年に定められた「大化《たいか》」が年号の最初である。

③ 歴史上のできごとを，年号をつけてよぶことが多い。

例：大化の改新《かいしん》，承久《じょうきゅう》の乱，享保《きょうほう》の改革など

④ 年号は，よいことや悪いことがおこったときなどに改められた。現在は，天皇が変わるごとに改められている。

2 西暦年

① イエス＝キリストが生まれたとされる年を基準として数える方法である。

例：710年，2007年など

② イエスが生まれる前は紀元前○年，イエス誕生後のことは紀元△年という(普通は紀元を略して△年という)。

3 世紀

① 「世紀」は100年を１つの区切りとしたもので，西暦１～100年→１世紀，1601～1700年→17世紀のようによんでいる。

② 「世紀」も，キリスト生誕前は紀元前○世紀とよぶ。

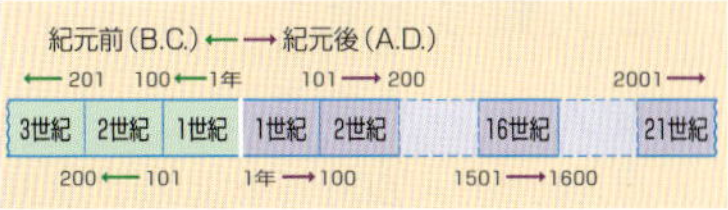

紀元前はBefore《ビフォーア》 Christ《クリスト》(キリスト以前)を略してB.C.《ビーシー》，紀元後はAnno《アンノ》 Domini《ドミナイ》(ラテン語で，わが神の世)を略してA.D.《エーディー》という。

時代の分け方

1 政治の中心地で分けた時代

◇ 政治の中心となった場所を時代名とした区分の仕方である。

例：奈良《なら》時代，鎌倉《かまくら》時代，江戸《えど》時代など

2 社会のしくみで分けた時代

◇ 社会のしくみがほぼ同じだった時期を１つにまとめた区分の仕方である。

例：古代，中世，近代，封建《ほうけん》時代など

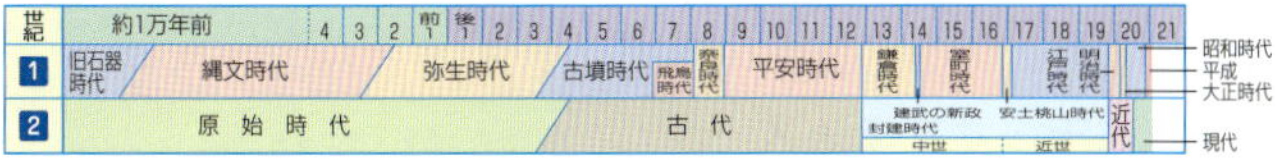

1 人類の始まり

□ できたらチェック

1 人類の出現

(1)**人類の始まり**…[猿人《えんじん》]

①時期…約700 ~ 600万年前にアフリカで出現

②森から草原におり立ち**直立二足歩行**

→手が自由に使える，脳《のう》(知能)も発達

(2)**人類の特徴《とくちょう》**

①直立二足歩行

②[道具]をつくる

③[火]や[言葉]を使用

□

2 人類の進化

(1)**猿人《えんじん》**

①約700 ~ 600万年前のアフリカ

②後ろ足で立って歩くようになる→直立二足歩行

(2)[原人]

①約200万年前に出現

②火と言葉，**打製石器**

(3)[新人]

①約20万年前に出現

②現在の人類の直接の祖先，

ホモ・サピエンス

知っトク情報 化石人骨の発見

1992 ~ 93年にエチオピアで約440万年前の化石人骨が発見され，「ラミダス猿人」と名づけられた。2001年にはチャドで約700 ~ 600万年前のものとされる化石人骨も発見された。

満点への道 壁画

クロマニョン人が残した洞《どう》くつの壁画《へきが》として，フランスのラスコーやスペインのアルタミラなどがある。えものの牛などがえがかれている。

代表的な化石人骨の分布

テストでは… 人類の進化やそれにともなう生活の変化，旧石器時代や新石器時代がどのような時代だったかなどがよく問われる。

3 採集から農耕へ 超出る!

(1)[旧石器時代]…１万年ほど前まで

①自然の石を打ち欠いた[打製《だせい》石器]を使用

②採集・狩《か》りを行いながらの移動生活

(2)[新石器時代]…１万年ほど前から

①気温の上昇《じょうしょう》で小動物や木の実が増える→農耕・牧畜《ぼくちく》が始まる…麦，あわ，牛，羊など

②[磨製《ませい》石器]・**土器**・骨角器《こっかくき》・弓矢を使用

↑打製石器
(明治大学博物館)

↑磨製石器
(国学院大学考古学資料館)

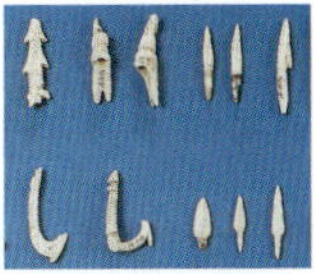

↑骨角器(いわき市教育委員会)

知っトク情報

氷期《ひょうき》と間氷期《かんぴょうき》

地球は約260万年前から**氷期**となり，寒冷な氷期と，温暖な間氷期がくり返されてきた。ジャワやペキンの原人は氷期に絶滅したとされている。現代に最も近い氷期は約１万年前に終わった。

テストの例題 チェック

❶ 約700～600万年前に出現した人類を何という？（ 猿人 ）

❷ 現在の人類の直接の祖先といわれる，クロマニョン人などの人類を何という？（ 新人 ）

❸ 約１万年前まで，数百万年も続いた時代を何という？（ 旧石器時代 ）

❹ 自然の石を打ち欠いてつくった石器を何という？（ 打製石器 ）

❺ 約１万年前ごろから始まった時代を何という？（ 新石器時代 ）

❻ 石をみがいてつくった石器を何という？（ 磨製石器 ）

2 古代文明のおこり

□ 1 古代文明の発生

できたらチェック

(1)**文明の発生**

①**時期**…前3000 ～前1600年ごろ
↳紀元前

②**場所**…農耕に適した**大河の流域**で発生

③**青銅《せいどう》器《き》・鉄器・文字**の発明

(2)**四大文明**

①[エジプト]**文明**

②**メソポタミア文明**

③**インダス文明**

④[中国(黄河《こうが》)]**文明**

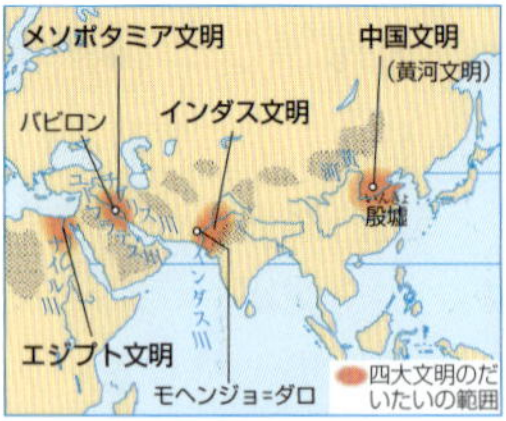

四大文明の発生地域

□ 2 エジプト文明 超出る!

(1)**エジプト文明**

①**成立**…前3000年ごろ,[ナイル川]流域

②多くの**都市国家**を統一，国王は神

(2)**遺産《いさん》**

①[太陽暦《たいようれき》]…ナイル川の洪水《こうずい》と天文学の発達から誕生《たんじょう》

②**ピラミッド**…国王の巨大な墓《はか》とされる。すぐれた土木技術

③[象形《しょうけい》文字]…**パピルス**などに書かれた絵文字
↳紙の原型となった

満点への道
国王

エジプト王国の国王は神とあがめられ，貴族《きぞく》を従《したが》え，多くの農民や奴隷《どれい》を支配していた。奴隷とされたのは，戦争に敗れてほりょになった人たちだった。**ピラミッド**は，国王の強い権力を示している。

ピラミッドとスフィンクス

テストでは… 四大文明の発生地域とその特色や，おもな遺産《いさん》などが問われることが多いのでチェックしておこう。

3 メソポタミア文明 超出る!

(1)**メソポタミア文明**

①**成立**…前3000年ごろ，**チグリス川・ユーフラテス川**流域

②前2000年ごろ，バビロニア王国が都市国家を統一

③前18世紀，**ハンムラビ王**がメソポタミアを統一
↳ハンムラビ法典をつくる

(2)**遺産**

①[くさび形文字]…粘土板《ねんどばん》に刻《きざ》まれた，くさびの形の文字

②[太陰暦《たいいんれき》]・**60進法**・**1週7日制**，天文学が発達

ミス注意
太陽暦《たいようれき》と太陰暦《たいいんれき》

太陽暦は太陽の動きに定期性があることから，これを利用してつくられた暦《こよみ》。**太陰暦**は月の満ち欠けをもとにしてつくられた暦である。

エジプトの象形《しょうけい》文字 (BAL)

メソポタミアのくさび形文字

テストの例題チェック

❶ ナイル川流域で発生した文明を何という？ (エジプト文明)

❷ エジプト文明で発明された暦を何という？ (太陽暦)

❸ エジプト王国の国王の巨大な墓を何という？ (ピラミッド)

❹ エジプト文明で使われた絵文字を何という？ (象形文字)

❺ チグリス川・ユーフラテス川流域で発生した文明を何という？ (メソポタミア文明)

❻ メソポタミア文明で使われた，粘土板に刻まれた文字を何という？ (くさび形文字)

❼ メソポタミア文明で使われた暦を何という？ (太陰暦)

3 アジアと地中海の古代文明

□ できたらチェック

1 インドの文明

(1)インダス文明

①成立…前2500年ごろ，[インダス川]流域
↳紀元前

②都市遺跡《いせき》…モヘンジョ=ダロ

③アーリア人の社会…カースト制
↳前1500年ごろ侵入

④象形文字…解読されていない
↳インダス文字

(2)宗教

①仏教…前 6 世紀ごろ[シャカ]が開く

②のちに，[ヒンドゥー教]がおこる

> **用語マスター カースト制**
>
> カースト制はアーリア人の社会でつくられた**きびしい身分制度**で，バラモン(神官)・王侯《おうこう》・武士・平民・奴隷《どれい》に分けられ，結婚《けっこん》は同じ身分の者に限られた。

□

2 中国の文明 超出る！

(1)中国(黄河《こうが》)文明

①殷《いん》…前1600年ごろ，[黄河]流域

②殷墟《いんきょ》から[甲骨《こうこつ》文字]・青銅器《せいどうき》出土
↳殷王朝の都のあと

③殷→周《しゅう》→春秋《しゅんじゅう》・戦国《せんごく》時代…[孔子《こうし》]が儒教《じゅきょう》のもととなる教えを説く

(2)中国の発展

①秦《しん》…前221年，[始皇帝《しこうてい》]が中国を統一，万里《ばんり》の長城《ちょうじょう》を築く
↳遊牧民族(匈奴)の侵入に備える

②漢《かん》…大帝国，儒教が重んじられる，歴史書の編集，紙の発明

③前 2 世紀，西方との交通路である[シルクロード]が開かれる
↳中央アジアやローマ帝国など
↳絹の道ともいう

> **用語マスター 甲骨文字**
>
> 占《うらな》いに使われた亀《かめ》の甲や牛の骨に刻《きざ》まれた文字で，**漢字のもと**になった。
>
> 

⬆万里の長城(明の時代のもの)

テストでは… アジアの文明の発生地域とその特色やおもな遺産《いさん》，中国の王朝名などが問われることが多いので覚えておこう。

3 ギリシャ・ローマ

(1)ギリシャの文明

①**都市国家**（↳ポリス）…［アテネ］・スパルタ

②**アテネの直接民主政治**…成年男子市民が**民会**（↳集会）で話し合い

③**ギリシャの文化**…［パルテノン］神《しん》殿《でん》・神話・哲学《てつがく》

(2)ローマの文化

①ヨーロッパの文化のみなもとになる

②**遺産**《いさん》…［コロセウム］(円形競技場)，水道・道路，ローマ字

③［キリスト教］…**イエス＝キリスト**が開く，ローマ帝国の国教（↳4世紀末）→世界の宗教へ

知っトク情報 ヘレニズム文化

ギリシャとオリエントの文明が混《ま》ざり合って発達した**ギリシャ風の新しい文化**で，アレクサンドロス大王の大遠征《えんせい》で発達した。のちの日本の**飛鳥《あすか》文化**にも影響《えいきょう》をあたえた。

↑コロセウム

テストの例題 チェック

❶ 紀元前６世紀ごろ仏教を開いたのはだれ？（ シャカ ）

❷ 殷がおこったのは，何という川の流域？（ 黄河 ）

❸ のちの漢字のもとになった文字は何？（ 甲骨文字 ）

❹ 中国を統一した始皇帝が建てた国を何という？（ 秦 ）

❺ 漢と西方を結ぶ交通路を何という？（シルクロード(絹の道)）

❻ ギリシャで特に栄えた都市国家は，スパルタとどこ？（ アテネ ）

❼ ローマ帝国の国教となった宗教を何という？（ キリスト教 ）

4 日本のあけぼの

□ 1 日本列島の成立

できたらチェック

(1)**氷河時代**

①海面が低く，大陸と陸続き

②人々が**ナウマンゾウ**・オオツノジカ・マンモスなどを追って大陸から移動

(2)**成立**…約[**1万年前**]に，気温の上昇《じょうしょう》や地かく変動などで海面が上昇して成立

> **知っトク情報**
> **野尻湖**
>
> 長野県の野尻湖《のじりこ》の湖底の2万年以上も前の地層から，**ナウマンゾウ**のきばや**オオツノジカ**の角《つの》が発見された。このことから大陸と陸続きだったことがわかる。

□ 2 日本の旧石器時代

(1)**日本の旧石器時代**…日本列島成立の約**1万年前までの数万年間**続く

(2)**旧石器時代の遺跡《いせき》**

①関東ローム層《そう》から[**打製《だせい》石器**]が発見され，**日本の旧石器時代**の存在が確認される
↳火山灰土

②代表的な遺跡…[**岩宿《いわじゅく》遺跡**]（群馬県）

(3)**人々の生活**

①**採集・狩《か》り・漁**が中心

②土器はまだつくられていなかった

③食料を求めて移動生活
簡単な小屋や洞くつなどに住む↲

④火の使用

> **満点への道**
> **黒曜石《こくようせき》の打製石器**
>
> **岩宿遺跡**から発見された**黒曜石の打製石器**。黒曜石は打ち欠きやすく，打ち欠いた先が鋭《するど》くなるので，石器の材料として適していた。

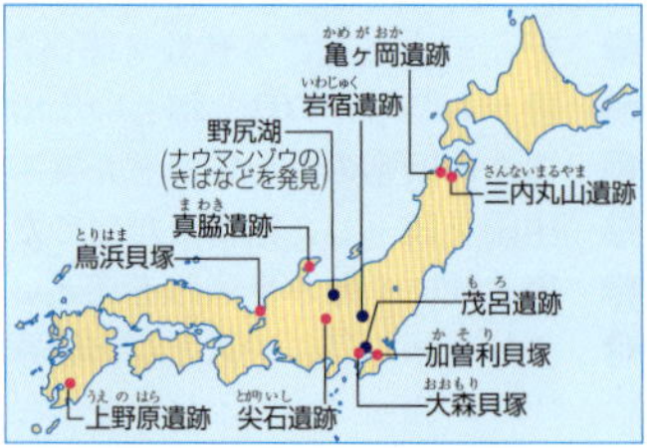

↑旧石器時代（•）と縄文時代（•）のおもな遺跡

テストでは…

日本の旧石器時代の遺跡《いせき》や，縄文《じょうもん》時代の人々のくらしや使われた道具などが問われることが多い。

3 縄文時代

超 出る!

(1)**縄文《じょうもん》時代**…約１万2000年前から紀元前４世紀ごろまで

(2)**道具の使用**

①**縄目《なわめ》の文様《もんよう》**のついた厚手の[縄文《じょうもん》土器]

②**鋭《するど》く磨《みが》かれた**[磨製《ませい》石器]

⬆縄文土器
(国学院大学考古学資料館)

(3)**人々の生活**

①**採集・狩り・漁**

②台地などに[竪穴住居《たてあな》]を建てる

③[貝塚《かいづか》]…食べ物の残りや不用物を捨《す》てる→当時の人々の生活がわかる

④[土偶《どぐう》]…魔《ま》よけ，家族の繁栄《はんえい》を祈《いの》る
↳土製の人形，女性が多い

満点への道
三内丸山《さんないまるやま》遺跡

三内丸山遺跡(青森県)は，**縄文時代**の大集落で約5500年前から1500年以上も続いたと考えられている。作物を**栽培《さいばい》**していたことや，遠い地域と交易をしていたことがわかっている。

⬆土偶

テストの例題 チェック

❶ 群馬県で発見された旧石器時代の遺跡は何？　（　岩宿遺跡　）

❷ 縄目の文様のついた厚手の土器を何という？　（　縄文土器　）

❸ 縄文時代につくられるようになった，鋭くみがいた石器を何という？　（　磨製石器　）

❹ 縄文時代に人々が住んだ住居を何という？　（　竪穴住居　）

❺ 食べ物の残りや不用物を捨ててできた遺跡は何？　（　貝塚　）

❻ 魔よけや家族の繁栄を祈るなどのためにつくられたと考えられている土製の人形を何という？　（　土偶　）

文明のおこりと日本

5 弥生時代

できたらチェック

1 弥生時代のくらし

↑高床倉庫　（静岡市立登呂博物館）

(1)**弥生時代《やよい》**…紀元前 4 世紀ごろから紀元 3 世紀ごろまで

(2)[稲作《いなさく》]の開始…前 4 世紀ごろ

①**伝来**…大陸から九州北部へ

②**遺跡《いせき》**…**板付《いたづけ》遺跡**・**登呂《とろ》遺跡**

③道具・建物…田げた・石包丁《いしぼうちょう》，[高床《たかゆか》倉庫]

稲の穂（ほ）をつみ取る

(3)人々のくらし

①[弥生《やよい》土器]…うすくてかたい

②金属器の伝来…鉄器，[青銅器《せいどうき》]→祭りの宝物，**銅鐸《どうたく》**・**銅剣《どうけん》**・**銅鏡《どうきょう》**など

③住居…**竪穴《たてあな》住居**，水田の近くにむら

ミス注意

縄文《じょうもん》土器と弥生土器

縄文土器は縄目《なわめ》の文様《もんよう》があるものが多く，厚手でもろい。**弥生土器**は飾《かざ》りが少なく左右対称《たいしょう》で，うすくて固い。

↑弥生土器
（東京大学総合研究博物館）

2「くに」の成立

超出る!

(1)**貧富《ひんぷ》の差**…稲の生産量の違《ちが》い

(2)**指導者の出現**…共同作業，土地や水をめぐる戦いなどを指揮

(3)[くに]の成立

①有力なむらが弱いむらを従える→小さなくにに

②[吉野ケ里《よしのがり》遺跡]…物見やぐら・堀→戦いへの備え

↑弥生時代のおもな遺跡

テストでは… 弥生《やよい》時代の稲作《いなさく》や，くらしの中で使われた道具，「くに」の成立と邪馬台国《やまたいこく》などについてはよく出題される。

3 小国の分立 超出る!

(1)小国の分立

①紀元前後ごろ，100余りの小国が分立

②九州北部の[奴国《なこく》《なのくに》]の王…57年，後《ご》漢《かん》に使者を派遣《はけん》し，**金印**《きんいん》を授《さず》かる

(2)東アジアの情勢

①**中国**…魏《ぎ》・呉《ご》・蜀《しょく》の三国時代

②**朝鮮**《ちょうせん》**半島**…北部に**高句麗**《コグリョ》《こうくり》がおこる

(3)邪馬台国《やまたいこく》

①３世紀の地域的な統一国家

②女王[卑弥呼《ひみこ》]が30余りの国を従える，[魏《ぎ》]に使者を派遣

③**『魏志《ぎし》』の倭人伝《わじんでん》**…邪馬台国の政治や人々のくらし，仕事などを記述

満点への道

金印

中国の歴史書に奴国の王が授かった金印について記されている。1784年(江戸《えど》時代半ば)，この金印とされるものが，福岡県志賀島《しかのしま》で発見された。１辺は2.3cm。「**漢委奴国王**《かんのわのなのこくおう》」と刻《きざ》まれている。

⇧金印　(福岡市博物館)

テストの例題チェック

❶ 静岡県にある弥生時代の代表的な遺跡は何？（ 登呂遺跡 ）

❷ つみ取った稲の穂をたくわえた建物を何という？（ 高床倉庫 ）

❸ 縄文土器よりうすくて固い土器を何という？（ 弥生土器 ）

❹ 弥生時代に伝わった金属器は，鉄器と何か？（ 青銅器 ）

❺ 後漢から金印を授かった九州北部の小国は？（ 奴国 ）

❻ 邪馬台国の女王の名前を何という？（ 卑弥呼 ）

❼ 邪馬台国の女王が使者を送った中国の王朝を何という？（ 魏 ）

6 大和政権と古墳文化

□ できたらチェック

1 大和政権の誕生

(1)**大和政権《やまと》の成立**
↳ヤマト王権ともいう
①誕生《たんじょう》…近畿《きんき》地方の有力な豪族《ごうぞく》が連合
②発展…5世紀後半には，九州地方北部から関東地方まで支配

(2)**大和政権のしくみ**
①氏《うじ》が政権の仕事(姓《かばね》)を代々分担
②王は[大王《おおきみ》《だいおう》]とよばれる，のちの天皇

ミス注意
氏と姓
氏…豪族が一族でつくる，**祖先が同じ**だと信じる人々の集団。
姓…大王から氏にあたえられた臣《おみ》・連《むらじ》・造《みやつこ》などの称号《しょうごう》で，**朝廷《ちょうてい》での地位と仕事**を表した。

□

2 古墳文化 超出る!

(1)**古墳《こふん》**
①[大王]や豪族の墓《はか》
②**巨大な古墳**…大王や豪族の**強い権力**，すぐれた**土木技術**

(2)**古墳の種類**
①[前方後円墳《ぜんぽうこうえんふん》]…前が方形，後ろが円形→**大仙《だいせん》(山)古墳**が代表的
②方墳《ほうふん》・円墳《えんぷん》

(3)**出土品**
①[埴輪《はにわ》]…古墳の上や周りに置かれた土製品
②**副葬品《ふくそうひん》**…鏡・玉・武具・馬具・農具など

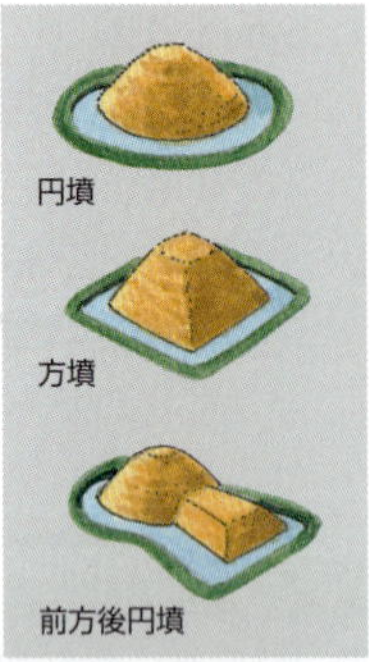

↑大仙(山)古墳

テストでは… 大和《やまと》政権の政治のしくみ，古墳《こふん》の種類や古墳からわかること，渡来人《とらいじん》のはたした役割などはチェックしておこう。

3 大陸文化の伝来 超出る!

(1)[渡来人《とらいじん》]の移住

①**中国・朝鮮《ちょうせん》半島**から移住

②大陸のすぐれた学問・技術を伝達…

漢字・儒教《じゅきょう》・絹織物《きぬおりもの》を作る技術など

(2)[仏教]**の伝来**…538年に，百済《ペクチェ》《くだら》から公式に仏像と経典《きょうてん》が伝わる

538年：552年説もある

知っトク情報 仏教をめぐる対立

仏教の受け入れをめぐって**蘇我氏**《そがし》と物《もの》部《のべ》氏がはげしく対立して戦いがおこり，仏教の受け入れをすすめる蘇我氏が物部氏を滅《ほろ》ぼした。

4 東アジアの情勢

(1)**中国**…南北朝《なんぼくちょう》時代→**倭**《わ》**の五王**が南朝に使者，大王の地位と朝鮮半島南部の指揮権《しきけん》を認めてもらうため

(2)**朝鮮半島**…**高句麗**《コグリョ》《こうくり》・**新羅**《シルラ》《しらぎ》・百済，半島南端に**伽耶**《カヤ》→大和政権が進出

伽耶：任那（イムナ），加羅（から）ともいわれる

4～5世紀ごろの東アジア

テストの例題チェック

❶ 近畿地方の豪族がつくった連合政権は何？　（ 大和朝廷 ）

❷ 大和政権の中心となった人物を何という？　（ 大王 ）

❸ 氏に姓をあたえて朝廷の仕事を行わせる政治のしくみを何という？　（ 氏姓制度 ）

❹ 大仙古墳のような形の古墳の種類を何という？　（ 前方後円墳 ）

❺ 古墳の上や周りに置かれた土製品を何という？　（ 埴輪 ）

❻ 中国・朝鮮半島から移住し，大陸のすぐれた学問・技術を伝えた人々を何という？　（ 渡来人 ）

7 聖徳太子の政治

□ できたらチェック

1 隋と唐

(1)**隋**《ずい》

①589年，南北朝を統一

②中央集権政治，**大運河**建設

(2)**唐**《とう》… 7 世紀後半に大帝国

①618年建国，［長安《ちょうあん》］を都とする
　↳現在の西安（シーアン）

②［律令《りつりょう》］を整え，中央集権政治を行う

満点への道
長安

唐の都**長安**は，道路が碁盤《ごばん》の目のようにつくられた，当時の世界最大級の都市で，国際色豊かな文化が栄えた。

用語マスター
律令

刑罰《けいばつ》を定めたものを**律**，国の制度や政治を行う決まりなどを定めたものを**令**という。

□

2 聖徳太子の政治　超 出る!

(1)**聖徳太子**《しょうとくたいし》**の登場**…593年，推古天皇《すいこてんのう》の［摂政《せっしょう》］となり，**天皇中心の政治**をめざす
　↳天皇が女性や幼い場合，天皇を助ける

(2)［聖徳太子］**の政治**

①蘇我馬子《そがのうまこ》と協力して政治を行う

②**冠位**《かんい》**十二階**…官位や職務の世襲《せしゅう》をやめて，有能な**人材を登用**

③［十七条の憲法《けんぽう》］…仏教・儒教《じゅきょう》の考え方を取り入れ，政治に対する**役人の心構**《こころがま》**え**を示す
　↳「憲法十七条」ともいう

④**遣隋使**《けんずいし》

・607年，［小野妹子《おののいもこ》］らを隋に派遣《はけん》

・隋と**対等の外交**をめざす

・進んだ制度や文化の吸収《きゅうしゅう》

↑聖徳太子　（宮内庁）

一に曰《いわ》く，和をもって貴《たっと》しとなし，さからふ《う》ことなきを宗《むね》とせよ。
二に曰く，あつく三宝《さんぽう》を敬《うやま》へ《え》。

↑十七条の憲法（一部）

テストでは…
唐《とう》の都や律令《りつりょう》，聖徳太子《しょうとくたいし》の政治や外交，飛鳥《あすか》文化の遺産《いさん》などが出題されることが多い。覚えておこう。

3 飛鳥文化 超出る!

(1)**飛鳥《あすか》文化**…推古天皇即位《そくい》から約120年間の飛鳥時代に栄えた文化
↳奈良盆地南部

(2)**特色**

①わが国最初の［仏教］文化

②**世界性のある文化**…中国・ギリシャ・インド・ペルシャなどの文化の影響《えいきょう》

(3)**文化遺産《いさん》**

①**建築**…［法隆寺《ほうりゅうじ》］→現存する**世界最古の木造建築**，四天王寺《してんのうじ》，中宮寺《ちゅうぐうじ》

②**彫刻《ちょうこく》**…**釈迦三尊像《しゃかさんぞんぞう》**・百済《くだら》観音《かんのん》像・弥勒菩薩《みろくぼさつ》像
↳中宮寺・広隆寺（こうりゅうじ）

③工芸…玉虫厨子《たまむしのずし》

知っトク情報 釈迦三尊像

釈迦三尊像は**法隆寺金堂《こんどう》の本尊**で，渡《と》来人《らいじん》の子孫である止《と》利仏師《りぶっし》〈鞍作鳥《くらつくりのとり》〉によってつくられたとされている。

↑法隆寺

テストの例題 チェック

❶ 唐の都を何という？ （ 長安 ）

❷ 聖徳太子は，推古天皇のもとで何という役職について政治を行ったか？ （ 摂政 ）

❸ 有能な人材を登用するために定められた制度は？ （ 冠位十二階 ）

❹ 政治に対する役人の心構えを示したものは何？ （ 十七条の憲法 ）

❺ 607年に遣隋使として派遣された人物はだれ？ （ 小野妹子 ）

❻ 飛鳥文化はどんな宗教の影響を受けていたか？ （ 仏教 ）

❼ 現存する世界最古の木造建築である寺院は何？ （ 法隆寺 ）

8 大化の改新と律令国家

□ できたらチェック

1 大化の改新 超出る!

(1)大化《たいか》の改新《かいしん》

①背景…聖徳太子《しょうとくたいし》の死後，**蘇我氏《そがし》**の独裁的な政治に対する不満が高まる

②始まり…645年，[中大兄皇子《なかのおおえのおうじ》]（のちの天智天皇）・**中《なか》臣鎌足《とみのかまたり》**（のちに藤原姓を授かる）らが[蘇我《そが》]氏をたおす

(2)改新の内容

①[公地・公民]…皇室《こうしつ》や豪族《ごうぞく》が支配していた**土地**や**人民**を**国家**が**直接支配**する

②[大化《たいか》]という，日本で初めての年号が使われたといわれる

□

2 朝鮮半島の動き

(1)朝鮮《ちょうせん》半島の統一…[新羅《シルラ》《しらぎ》]が高句麗《コグリョ》《こうくり》・百《ペク》《くだ》済《チェ》《ら》を滅《ほろ》ぼし，半島を統一（676年）

(2)日本の動き

①百済救援のため出兵（日本と百済は友好関係にあった）→**白《はく》村江《すきのえ(はくそんこう)》の戦い**(663年)で敗れて，半島から手を引く

②西日本の守りを固め，国内の政治改革に力を入れるようになった

知っトク情報 蘇我氏の動き

蘇我馬子《そがのうまこ》のあとをついだ**蝦夷《えみし》**・**入鹿《いるか》**父子は，聖徳太子の息子の山背大兄王《やましろのおおえのおう》とその一族を滅ぼし，朝《ちょう》廷《てい》での勢力は天皇《てんのう》をしのぐほどになった。

データファイル 中大兄皇子

645年に**中臣鎌足**らと**大化の改新**を始めた。668年に**天智《てんじ》天皇**となって，初めての全国的な戸《こ》籍《せき》をつくり，近江令《おうみりょう》を定めるなど，天皇中心の国家をめざす改新政治を進めた。

7 世紀ごろの朝鮮半島の情勢

テストでは… 大化《たいか》の改新《かいしん》の中心人物や方針《ほうしん》の内容，律令《りつりょう》政治の内容などは確実につかんでおこう。

3 律令政治の進展 超出る!

(1)[壬申の乱《じんしん》]…天皇の位をめぐる戦い
→**天武《てんむ》天皇**が即位《そくい》→改新政治が進展

(2)[大宝律令《たいほうりつりょう》]**の制定**(701年)→天皇を頂点とする中央集権の政治のしくみが整う→**律令政治**

・**中央**…二官八省の役所をおく

・**地方**…国→**国司《こくし》**，郡→**郡司《ぐんじ》**

・**九州**の守り…[大宰府《ださいふ》]

(3)**班田収授法《はんでんしゅうじゅのほう》**の実施《じっし》…**戸籍《こせき》**に基づいて**口分田《くぶんでん》**を支給
(戸籍→6年ごとに作成)

(4)**税制**…**租《そ》**→**稲《いね》**の収穫《しゅうかく》の約３％
[調《ちょう》]→**織物**や地方の**特産物**
庸《よう》→労役《ろうえき》の代わりに**布**

満点への道 壬申の乱

天智天皇の死後の672年，天皇の位をめぐって，天智天皇の弟の大海人皇子《おおあまのおうじ》と息子の大友《おおとも》皇子が戦いをおこした。大海人皇子が勝って即《そく》位《い》し，**天武天皇**となった。

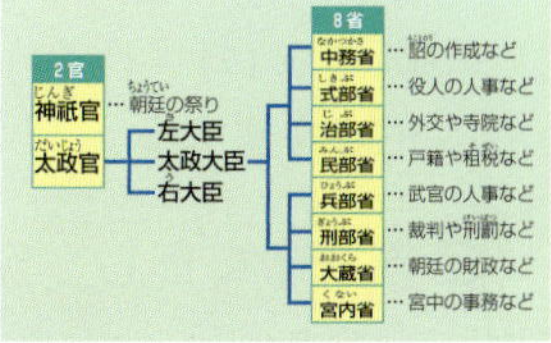

↑大宝律令による中央の政治のしくみ

テストの例題チェック

❶ 大化の改新の中心人物は，中臣鎌足とだれ？ (中大兄皇子)

❷ 皇室や豪族が支配していた土地や人民を国家が直接支配するようにした制度を何という？ (公地・公民)

❸ 高句麗・百済を滅ぼし朝鮮半島を統一したのは？ (新羅)

❹ 天智天皇の死後におこった皇位《こうい》をめぐる戦いは？ (壬申の乱)

❺ 律令政治の基礎《きそ》となった法令を何という？ (大宝律令)

❻ 九州の守りのために置かれた役所を何という？ (大宰府)

❼ 収穫《しゅうかく》した稲の約３％を納める税を何という？ (租)

9 平城京と天平文化

できたらチェック

1 平城京と聖武天皇

(1)平城京《へいじょうきょう》

①710年，［奈良］に都を移す

②唐《とう》の都長安《ちょうあん》にならう

③東西２つの市《いち》…調《ちょう》・庸《よう》の一部を売買
↳農民が都まで運んで納めた産物など

(2)聖武天皇《しょうむてんのう》の政治

①［仏教］の力で平安を保とうとする

②都に東大寺《とうだいじ》と大仏をつくる

→［行基《ぎょうき》］に協力させる

③国ごとに［国分寺《こくぶんじ》］・国分尼《に》寺を建てる

満点への道

和同開珎《わどうかいちん》《ほう》

708年に**和同開珎**とよばれる貨幣《かへい》がつくられ，長い間これが最古の貨幣とされてきたが，1998年にこれよりも古いとされる**富本銭《ふほんせん》**が発見された。

↑和同開珎（みずほ銀行）

↑富本銭（奈良文化財研究所）

2 農民のくらし

(1)農民のくらし

①重い税の負担…租《そ》・調・庸，防人《さきもり》

②「貧窮問答歌《ひんきゅうもんどうか》」からもうかがえる
↳作者は山上憶良（やまのうえのおくら）

(2)公地・公民制のくずれ

①口分田《くぶんでん》の不足…農民の逃亡《とうぼう》，人口増
↳税が重いため

②土地の私有

・723年，三世一身《さんぜいっしん》の法
↳三代に限り新しく開墾した土地の私有を認める

・743年，［墾田永年私財法《こんでんえいねんしざいのほう》］→新しく開墾《かいこん》した土地の永久私有認める

・貴族《きぞく》や寺社の私有地…のちの［荘園《しょうえん》］

用語マスター

防人

九州北部の守りのために**大宰府《だざいふ》**に置かれた兵士。3年間の期間で，諸国の軍団の兵士から選ばれ，おもに東国《とうごく》の農民が派遣《はけん》された。武器などの装備や旅費などはすべて自分で負担しなければならなかった。

テストでは… 聖武天皇《しょうむてんのう》の仏教保護，農民の重い税の負担，遣唐使派遣《けんとうしはけん》の目的，天平《てんぴょう》文化の遺産《いさん》などが問われることが多い。

3 遣唐使と天平文化 超出る!

(1)[**遣唐使**《けんとうし》]**の派遣**《はけん》

①**目的**…唐の政治制度や文化の吸収《きゅうしゅう》

②**時期**…630 ～ 894年の間に10数回派遣

(2)**天平**《てんぴょう》**文化**…[**聖武天皇**《しょうむてんのう》]のころに栄える

特色…国際色豊かな，**貴族**《きぞく》中心の**仏教文化→正倉院**《しょうそういん》の宝物《ほうもつ》

・建築…[**正倉院**《しょうそういん》]＝**校倉造**《あぜくらづくり》，
唐僧《そう》[**鑑真**《がんじん》]が**唐招提寺**《とうしょうだいじ》を建てる

・彫刻《ちょうこく》…興福寺《こうふくじ》の阿修羅《あしゅら》像

・和歌集…[**万葉集**《まんようしゅう》]

・歴史書…『**古事記**《こじき》』
『日本書紀《にほんしょき》』

・地理書…『風土記《ふどき》』

満点への道 国際色豊かな正倉院の宝物

聖武天皇の愛用品を納めた正倉院《しょうそういん》の宝物には，**瑠璃杯**《るりはい》**はローマ**，**水差しはペルシャ**，**琵琶**《びわ》**はインド**というように，世界のさまざまな土地の影響《えいきょう》が見られる。

↑正倉院 （正倉院事務所）

テストの例題 チェック

❶ 東大寺の大仏をつくるのに協力した僧はだれ？ （ 行基 ）

❷ 聖武天皇が国ごとに建てた寺を何という？ （国分寺(国分尼寺)）

❸ 新しく開墾した土地の永久私有を認めた法令を何という？ （ 墾田永年私財法 ）

❹ 貴族や寺社の私有地はのちに何とよばれたか？ （ 荘園 ）

❺ 630年から中国に派遣された使節を何という？ （ 遣唐使 ）

❻ 校倉造で知られる東大寺の倉庫を何という？ （ 正倉院 ）

❼ 天皇から農民までの歌を集めた和歌集は何？ （ 万葉集 ）

10 平安京と貴族の政治

できたらチェック

1 律令政治の再建

(1)**平安京**

①794年, [桓武天皇《かんむてんのう》]が京都に都を移す

②目的…律令《りつりょう》政治の再建

(2)**律令政治の再建**

①地方政治の乱れを防ぐ

②農民の負担軽減…農民から兵士をとるのをやめる
↳郡司の子弟による軍隊をつくる

③[班田収授法《はんでんしゅうじゅのほう》]の改正

(3)**東北地方の支配**

①**蝦夷**《えみし》《えぞ》…朝廷《ちょうてい》の進出に, 蝦夷の指導者アテルイが抵抗《ていこう》

②[坂上田村麻呂《さかのうえのたむらまろ》]を**征夷大将軍**《せいいたいしょうぐん》に任命して遠征《えんせい》→平定

満点への道
班田収授法の改正

口分田《くぶんでん》の支給が困難になっていたことや, 土地の私有が広がるのを防ぐために6年に1回の口分田の支給を12年に1回に改め, 口分田の支給を確実に行えるようにした。

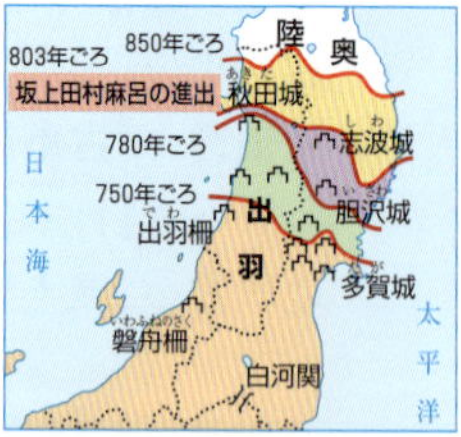

東北地方の支配の広がり

2 新しい仏教 超出る!

(1)**平安時代の新仏教**

①**最澄**《さいちょう》…[天台宗《てんだい》], **比叡山延暦寺**《ひえいざんえんりゃくじ》
↳滋賀県

②[空海《くうかい》]…**真言宗**《しんごん》, **高野山金剛峰(峯)寺**《こうやさんこんごうぶじ》
↳和歌山県

(2)**特徴**《とくちょう》

①山中で, 学問やきびしい修行《しゅぎょう》

②祈《いの》りや, まじないを行う→貴族の間に広まる
↳わざわいや病気などを取り除くため

延暦寺と金剛峰(峯)寺

テスト では…

平安京に都を移した天皇《てんのう》とその政治，平安時代の新仏教と開祖《かいそ》，摂関《せっかん》政治の内容などがよく出題される。

3 摂関政治　超 出る!

(1)藤原氏《ふじわらし》の台頭

①**藤原(中臣《なかとみの》)鎌足《かまたり》**の子孫

②有力な貴族《きぞく》を退ける

③**天皇の外戚《がいせき》**となる

④[荘園《しょうえん》]の寄進《きしん》を受け多くの収入得る

(2)摂関《せっかん》政治

①**藤原氏**が[摂政《せっしょう》]・**関白《かんぱく》**を独占《どくせん》し，天皇にかわって政治を行う

（関白：成人した天皇を助ける）

②11世紀前半の[藤原道長《みちなが》]・**頼通《よりみち》**父子のときに全盛

(3)地方政治

①[国司《こくし》]にまかせきりで乱れる

②班田収授は行われなくなる

満点への道　天皇の外戚

藤原氏は，自分の娘《むすめ》を天皇のきさきにし，その皇子を次の天皇に立てて，**天皇の外戚**(母方の親《しん》戚《せき》)となって朝廷で勢力をのばした。

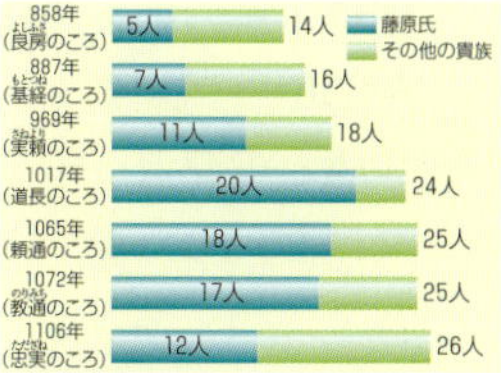

↑藤原氏の官職独占

テストの例題 チェック

❶ 794年に平安京に都を移した天皇はだれ？ （ 桓武天皇 ）

❷ 蝦夷平定のため征夷大将軍に任命されたのは？ （ 坂上田村麻呂 ）

❸ 天台宗を伝えたのはだれ？ （ 最澄 ）

❹ 空海が伝えた新仏教の宗派を何という？ （ 真言宗 ）

❺ 藤原氏は何の寄進を受けて多くの収入を得たか？ （ 荘園 ）

❻ 藤原氏が摂政・関白を独占して行った政治を何という？ （ 摂関政治 ）

❼ 地方政治の責任者を何という？ （ 国司 ）

11 大陸の動きと国風文化

□ できたらチェック

1 大陸の動き

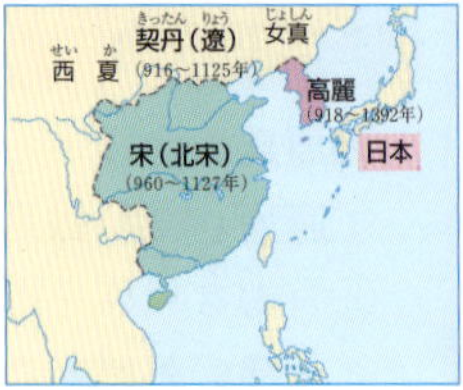

⬆11世紀後半の東アジア

(1)**中国の動き**

①**唐《とう》のおとろえ**…7世紀末から律《りつ》令《りょう》政治のくずれ，争乱，異民族の侵入《しんにゅう》→907年に滅亡《めつぼう》

②[宋《そう》]…979年，中国統一，**朱子《しゅし》学《がく》**，水墨《すいぼく》画《が》などが発達

③**契丹《きったん》(遼《りょう》)**…満州《まんしゅう》・華北《かほく》を支配
中国東北部

(2)**朝鮮《ちょうせん》半島の動き**…新羅《シルラ》のおとろえ→936年，[高麗《コリョ》《こうらい》]が朝鮮半島統一

(3)**大陸との交流**…**宋**や**高麗**とは正式の国交はなかったが，両国の商人などを通して文物を輸入

なぜ？どうして？ 遣唐使

遣隋使《けんずいし》の後を受けて，唐《とう》から制度や文化を取り入れるために，朝廷《ちょうてい》が派遣《はけん》した公式の使節。630～894年の間に18回任命されたが，実際に渡海したのは15回だった。894年には，派遣が停止された。

□

2 遣唐使の停止

(1)**遣唐使《けんとうし》の停止**

①894年，[菅原道真《すがわらのみちざね》]が停止を進言して認められる

②理由…唐のおとろえ,航海の危険性,財政難《ざいせいなん》,商船の来航など

(2)**遣唐使の停止の影響《えいきょう》**…唐の文化などの影響が少なくなり，**日本独自の文化**が発達

⬆遣唐使の航路

テストでは… 遣唐使《けんとうし》停止の理由と影響《えいきょう》，国風文化の特色とおもな文化遺《い》産《さん》などについて問われることが多いので，要チェック。

3 国風文化 超出る!

(1)[**国風**]**文化**…日本の風土や生活，日本人の感情にあった貴族文化

(2)**文化遺産《いさん》**

①**建築**…貴族の邸宅《ていたく》→[**寝殿造《しんでんづくり》**]

②**絵画**…大和《やまと》絵で表す絵巻物

③**文学**…[**かな文字**]の普及《ふきゅう》→人々の感情を表現できる

・**物語**…[**源氏《げんじ》物語**]→**紫式部《むらさきしきぶ》**

・**随筆《ずいひつ》**…『**枕草子《まくらのそうし》**』→[**清少納言《せいしょうなごん》**]

・**和歌集**…『古今《こきん》和歌集』→紀貫之《きのつらゆき》ら

(3)**浄土信仰《じょうどしんこう》(浄土教)**

①阿弥陀仏《あみだぶつ》を信仰→極楽往生《ごくらくおうじょう》

②**阿弥陀堂**…**平等院鳳凰堂《びょうどういんほうおうどう》**

↳中尊寺金色堂も有名

源氏物語絵巻　(五島美術館)

知っトク情報
浄土教の教え

仏教がおとろえ，世の中が乱れるという**末法思想《まっぽうしそう》**の流行のなかで，念仏《ねんぶつ》を唱えて**阿弥陀仏《あみだぶつ》を信仰**すれば「来世《らいせ》」での幸福が得られるとする教え。空也《くうや》や源信《げんしん》が信仰をすすめた。

テストの例題 チェック

❶ 唐ののちに中国を統一した王朝を何という？　(宋)

❷ 936年に朝鮮半島を統一した国は何という？　(高麗)

❸ 遣唐使の停止を進言した人物はだれ？　(菅原道真)

❹ 有力貴族の邸宅の建築様式を何という？　(寝殿造)

❺ 『源氏物語』を著した人物はだれ？　(紫式部)

❻ 『枕草子』を著した人物はだれ？　(清少納言)

❼ 藤原頼通が建てた，京都府宇治《うじ》市にある阿弥陀堂を何という？　(平等院鳳凰堂)

12 武士のおこりと成長

1 武士のおこり

(1)武士のおこり

①背景…**国司《こくし》の横暴《おうぼう》**や豪族《ごうぞく》の勢力争い

②おこり…豪族や有力な農民 ↳名主(みょうしゅ) らが土地を守るために弓矢や刀で**武装**

(2)武士団の形成

①一族 ↳家の子 や家来 ↳郎党 に武士団を形成

②**有力な武士団**…[源氏《げんじ》]や**平氏《へいし》**が**棟梁《とうりょう》** ↳かしら

□

2 武士の成長

(1)地方武士の反乱→武士の力で平定

①[平将門の乱《たいらのまさかど》]…935年，関東で反乱

②**藤原純友《ふじわらのすみとも》の乱**…939年，瀬戸内海一帯で反乱

③影響《えいきょう》…貴族《きぞく》が武士の力を認める

(2)東北地方の争乱

①**前九年合戦《ぜんくねんかっせん》**…1051年，陸奥《むつ》の安《あ》倍《べ》氏《し》が国司に対して反乱

②**後三年合戦《ごさんねん》**…1083年，出羽《でわ》の清《きよ》原《はら》氏の内部争い

③２度の争乱を源氏が平定

(3)繁栄《はんえい》する**奥州《おうしゅう》藤原氏**…[平泉《ひらいずみ》] ↳岩手県 を本拠地《ほんきょち》に約100年繁栄

なぜ？どうして？ 貴族が武士を認めたのは

貴族は武士を身分の低い者としてさげすんでいたが，**地方武士の反乱**をしずめるため，地方からほかの武士をよんで，反乱の平定にあたらせた。こうして**貴族が武士の力を認める**ことになり，やがて武士はその地位を実力で高めていった。

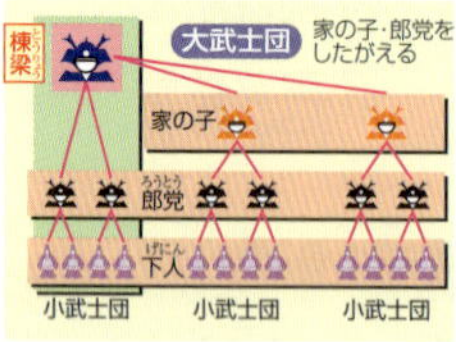

↑武士団のしくみ

↑地方武士の反乱地域

テスト では…

武士のおこりの背景と地方武士の反乱，院政《いんせい》の内容，平治《へいじ》の乱と平清盛《たいらのきよもり》の政治などが問われることが多い。

3 院政と平氏政権

超 出る!

(1)院政《いんせい》の開始

①背景…藤原氏の摂関政治《せっかんせいじ》のおとろえ

②開始…1086年，白河天皇《しらかわてんのう》が[上皇《じょうこう》]となって院で政治を行う

(2)平氏《へいし》の政権

①保元《ほうげん》の乱…1156年，天皇と上皇の対立と藤原氏の内部争い

②[平治《へいじ》の乱]…1159年，平清盛《たいらのきよもり》と源《みなもとの》義朝《よしとも》の争い→平清盛が勝つ

③1167年，[平清盛《たいらのきよもり》]が太政大臣《だいじょうだいじん》となる
↳律令制度の最高の官位
→貴族的な政治→武士の反感をかう

(3)日宋貿易《にっそう》…兵庫《ひょうご》の港(大輪田泊《おおわだのとまり》，現在の神戸《こうべ》港)を修築して行う

↳いおう・刀剣などを輸出，宋銭・絹織物などを輸入

満点への道

院政開始の背景

11世紀の後半，藤原氏と外戚《がいせき》関係のない**後三条《ごさんじょう》天皇**が天皇の位につき，藤原氏の勢力をおさえようとしたことから，しだいに摂関政治がおとろえていった。

このような状況《じょうきょう》の中で**白河天皇**が力を強め，1086年に天皇の位をゆずって上皇となり**院**で政治を始めた。院とは，上皇やその御所(住まい)のことである。

テストの例題 チェック

❶ 大武士団の棟梁となったのは源氏と何氏か？ (平氏)

❷ 935年に関東で反乱をおこした人物はだれか？ (平将門)

❸ 奥州藤原氏の本拠地となったところはどこか？ (平泉)

❹ 天皇が上皇となってからも政権をにぎって行った政治を何という？ (院政)

❺ 平清盛と源義朝の対立からおこった争いは？ (平治の乱)

❻ 1167年に太政大臣となって政治を行った人物は？ (平清盛)

❼ 兵庫の港で行った中国との貿易を何という？ (日宋貿易)

13 鎌倉幕府の成立

□ できたらチェック

1 源平の争乱

(1)**平氏《へいし》への反感**

①一族中心の**貴族《きぞく》的な政治**

②貴族・寺社・地方武士が反感

(2)**源平《げんぺい》の争乱**

①1180年，[源氏《げんじ》]が兵をあげる

②1185年，[壇ノ浦の戦い《だんのうら》]で**平氏滅亡《めつぼう》**
↳山口県

□

2 鎌倉幕府の成立 超出る!

(1)[鎌倉幕府《かまくらばくふ》]の始まり

①[守護《しゅご》]…国ごと，**軍事・警察**

②[地頭《じとう》]…荘園や公領，**年貢《ねんぐ》の取り立て**

③**御家人《ごけにん》**を任命…以後，農民は朝《ちょう》廷《てい》と武士による**二重の支配**
↳将軍と主従関係を結んだ武士

④1192年，[源頼朝《みなもとのよりとも》]が**征夷大将《せいいたいしょう》軍《ぐん》**に任命される

⑤武家政治は約700年間続く

(2)**武家政治のしくみ**

①**幕府のしくみ**

・簡単で実際的

・**政所《まんどころ》・侍所《さむらいどころ》・問注所《もんちゅうじょ》**など

②**封建《ほうけん》制度**…将軍と御家人は土地を仲立ちに**御恩《ごおん》**と[奉公《ほうこう》]の関係

なぜ? どうして?
鎌倉に幕府を開いた理由

①関東は源氏の地《じ》盤《ばん》であり，**鎌倉は源氏にゆかりの深い土地**だった，②朝廷から遠く，**貴族の影響《えいきょう》を受けにくい**，③鎌倉は三方が山で，前が海になっていて，**攻《せ》めにくく守りやすい地形**だった，などの理由で，鎌倉に幕府を開いた。

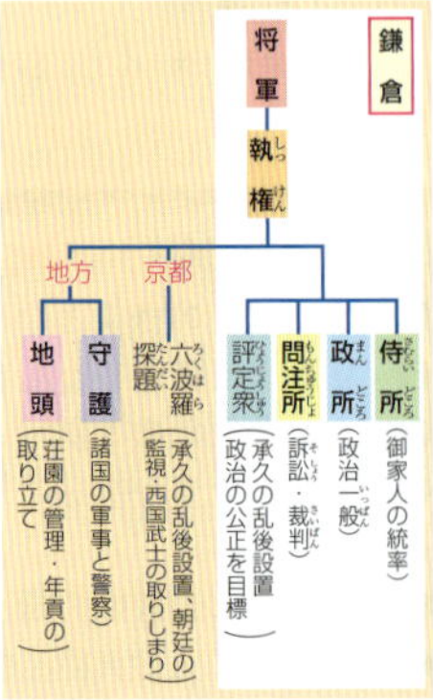

↑鎌倉幕府のしくみ

テストでは… 源平《げんぺい》の争乱，守護《しゅご》・地頭《じとう》の役割，承久《じょうきゅう》の乱の影響《えいきょう》や御成敗《ごせいばい》式目《しきもく》の特色などが出題されることが多い。

3 執権政治 超出る!

(1)**執権《しっけん》政治**

①源氏の将軍が3代で絶える

②[北条氏《ほうじょう》]が**執権**となって実権《じっけん》にぎる

(2)1221年，[承久の乱《じょうきゅう》]→幕府方の勝利

①**後鳥羽上皇《ごとばじょうこう》**が倒幕《とうばく》の兵をあげる

②京都に[六波羅探題《ろくはらたんだい》]を設置…朝廷《ちょうてい》の監視《かんし》，西国《さいごく》武士の支配→幕府の支配力が全国に広がる

(3)[御成敗式目《ごせいばいしきもく》]…1232年，執権**北条泰《ほうじょうやす》**
↳貞永(じょうえい)式目ともいう
時《とき》が制定

①目的…御家人に**裁判《さいばん》の基準《きじゅん》**を示す

②特色…わが国**最初の武家法**→その後長く武士の法律の手本とされる

知っトク情報
政子《まさこ》の演説

承久の乱に際して，源頼朝の妻**北条政子**は，御家人に対し，頼朝の「**御恩**」を訴《うった》え，幕府に「**奉公**」し，朝廷方と戦うように訴《うった》えた。

知っトク情報
のちの武家法とは

戦国時代の戦国大名が定めた**分国法《ぶんこくほう》**，江戸時代の**武家諸法《ぶけしょはっ》**
度《と》などは，**御成敗式目**を手本としてつくられた。

テストの例題 チェック

❶ 源氏は平氏を何という戦いで滅《ほろ》ぼしたか？ （ 壇ノ浦の戦い ）

❷ 荘園や公領に置かれて，年貢の取り立てなどを行った役職は何？ （ 地頭 ）

❸ 鎌倉幕府の初代将軍となったのはだれ？ （ 源頼朝 ）

❹ 執権政治を行ったのは何氏？ （ 北条氏 ）

❺ 1221年におこった幕府方と朝廷方の戦いは？ （ 承久の乱 ）

❻ 承久の乱ののちに京都に置かれた役職は何？ （ 六波羅探題 ）

❼ わが国最初の武家法を何という？ （ 御成敗式目 ）

14 鎌倉時代の社会

□ できたらチェック

1 武士のくらし

(1)ふだんは農村に住む武士

①領地の重要地に館《やかた》を建てる
→簡素で実用的な**武士の館**

②農業を営み，農民に耕作させる

(2)武士のくらし

①[惣領《そうりょう》]が一族の中心

②領地は分割相続《ぶんかつそうぞく》，女子にも相続権がある
↳鎌倉時代前半まで

(3)武芸にはげむ武士

①**弓馬《きゅうば》の道**…名誉《めいよ》を重んじる

②「**いざ鎌倉《かまくら》**」にそなえて，**笠《かさ》懸《がけ》**・[流鏑馬《やぶさめ》]・**犬追物《いぬおうもの》**などの武芸にはげむ
↳鎌倉幕府に，一大事がおこること

⬆武士の館　（国立歴史民俗博物館）

⬆流鏑馬

□

2 武士の荘園侵略　超出る!

(1)背景…地頭《じとう》の力がのび荘園《しょうえん》領主と対立
↳御家人が任命された

(2)**荘園侵略《しんりゃく》**

①**地頭**…年貢《ねんぐ》横取り，土地や農民支配

②**荘園領主**…[地頭《じとう》]に荘園管理権や土地の半分をあたえる
↳侵略をとめようとした　↳地頭請　↳下地中分

③結果…地頭の荘園侵略がすすむ

満点への道
地頭請《じとううけ》と下地中分《したじちゅうぶん》

地頭請…荘園領主が地頭に一定の年貢を納めさせるかわりに，**荘園の管理を地頭に任せる**ことにした。

下地中分…荘園の土地を**領主と地頭で半分ずつに分け**，たがいに干渉《かんしょう》しないようにした。

テストでは… 武士がはげんだ武芸の種類，地頭《じとう》の荘園侵略《しょうえんしんりゃく》，農業や商業の発達などについての出題が多い。

3 農民のくらし

(1)**農業の発達**

①近畿地方《きんきちほう》を中心に米と麦の[**二毛作**]

②牛馬耕《ぎゅうばこう》・鉄製農具の普及《ふきゅう》

③草や木の灰を用いた[**肥料**]の使用

(2)**公武の二重支配**…地頭と荘園領主から年貢・労役を課せられる→農民の抵抗《ていこう》

知っトク情報

阿氏河荘《あてがわのしょう》の農民の訴《うった》え

高野山《こうやさん》領の紀伊《きい》国(和歌山県)の阿氏河荘の農民は，**地頭**が自分の仕事をおしつけるなどの横暴に，**集団で村からにげだして**，その理由を荘園領主に訴《うった》えた。

4 商業の発達 超出る!

(1)[**定期市**]…寺社の門前，交通の要地などで月に数回開く

(2)売り買いには**宋銭《そうせん》**を使用

(3)**問丸《といまる》**・馬借《ばしゃく》(運送業者)・高利《こうり》貸《か》しの出現

京都や鎌倉

中世の街並み(草戸千軒《くさどせんげん》遺跡:広島県)の復元

(広島県立歴史博物館)

テストの例題チェック

❶ 走る馬に乗り，弓で的を射《い》る武芸を何という？ (流鏑馬)

❷ 武士の一族の中心となった者は？ (惣領)

❸ 同じ土地で1年に米の裏作に麦をつくる農業を何という？ (二毛作)

❹ 鎌倉時代の農民を支配したのは，荘園領主と何？ (地頭)

❺ 寺社の門前や交通の要地などで月に数回開かれた市を何という？ (定期市)

❻ このころ商取り引きに使われた貨幣《かへい》を何という？ (宋銭)

15 新しい仏教と鎌倉文化

□ できたらチェック

1 新しい仏教 超出る!

(1)新しい仏教の誕生《たんじょう》

①背景…心のよりどころを求める
↳戦乱やききんで社会不安が増す

②特色…わかりやすく，信仰《しんこう》しやすい

(2)新しい仏教の開祖と特色

<table>
<tr><th colspan="2">宗派</th><th>開祖</th><th colspan="2">教え・特色</th><th>広がり</th></tr>
<tr><td rowspan="3">念仏宗《ねんぶつしゅう》</td><td>[浄土宗《じょうどしゅう》]</td><td>法然《ほうねん》</td><td colspan="2" rowspan="3">念仏を唱え，阿弥陀仏《あみだぶつ》にすがれば，極楽浄土《ごくらくじょうど》に生まれ変われる</td><td>公家《くげ》・上級武士</td></tr>
<tr><td>浄土真《しん》宗</td><td>[親鸞《しんらん》]</td><td>地方武士・農民</td></tr>
<tr><td>時《じ》　宗</td><td>一遍《いっぺん》</td><td>武士・下層庶民《かそうしょみん》</td></tr>
<tr><td colspan="2">日蓮宗《にちれんしゅう》
(法華《ほっけ》宗)</td><td>[日蓮《にちれん》]</td><td colspan="2">題目を唱えれば人も国家も救われる。他宗をはげしく非難する。</td><td>東国武士・近畿《きんき》の商工業者</td></tr>
<tr><td rowspan="2">禅宗《ぜんしゅう》</td><td>[臨済宗《りんざいしゅう》]</td><td>栄西《えいさい》</td><td rowspan="2">座禅《ざぜん》で悟《さと》りを開く</td><td>幕府の保護</td><td>公家・上級武士</td></tr>
<tr><td>曹洞宗《そうとうしゅう》</td><td>[道元《どうげん》]</td><td>権力をきらう</td><td>地方武士・農民</td></tr>
</table>

用語マスター　禅宗

宋から伝わった，**座禅《ざぜん》を行い自力で悟りを開く**ことを説く仏教の宗派。

□

2 鎌倉文化の特色

(1)[公家《くげ》]を中心とした文化…平安時代から続く伝統的な文化，和歌集など

(2)新たに力をのばした**民衆**や[武士]を中心とする文化

①武士の気風を反映した力強い作品

②琵琶法師《びわほうし》が語ることで文字を知らない人々にも親しまれる文学

なぜ?どうして?　新仏教迫害《はくがい》の理由

法然は，経を読む僧侶《そうりょ》よりも，念仏を唱える庶民《しょみん》のほうが救われると説いたため旧仏教に迫害された。また，日蓮は他宗を非難したため迫害を受けた。

テストでは… 新しい仏教のおこった背景や宗派《しゅうは》と開祖，鎌倉文化の遺産《いさん》などが問われることが多い。まとめて覚えておこう。

3 鎌倉文化 超出る!

(1)文学

①軍記物《ぐんきもの》…[平家《へいけ》物語]→平家の盛衰《せいすい》，琵琶法師が語り伝える
↳世のはかなさを説いた

②和歌集…『新古今《しんこきん》和歌集』→藤原定家《ふじわらのていか》《さだいえ》
『金槐和歌集《きんかいわかしゅう》』→源実朝《みなもとのさねとも》

③随筆《ずいひつ》…[方丈記《ほうじょうき》]→鴨長明《かものちょうめい》
『徒然草《つれづれぐさ》』→吉田兼好《よしだけんこう》(兼好法師)

④学問・教育…金沢文庫《かねさわぶんこ》
↳神奈川県

(2)建築…東大寺南大門《とうだいじなんだいもん》

(3)彫刻《ちょうこく》…[金剛力士像《こんごうりきしぞう》]
→運慶《うんけい》・快慶《かいけい》ら

(4)絵巻物…「一遍上人《しょうにん》絵伝」

(5)似絵《にせえ》…写実的な肖像画《しょうぞうが》

↑似絵(伝源頼朝像)
(神護寺)

↑東大寺南大門 (東大寺)

ミス注意 「古今」と「新古今」和歌集

『古今和歌集』は10世紀初めに紀貫《きのつら》之《ゆき》らが編集したもの。『新古今和歌集』は13世紀初めに藤原定家らが上皇の命令で編集したもの。

テストの例題チェック

❶ 浄土真宗を開いた人物はだれ？ (親鸞)

❷ 栄西が開いた禅宗の宗派は何？ (臨済宗)

❸ 平家一門の盛衰《せいすい》をえがき，琵琶法師が語り伝えた軍記物は何？ (平家物語)

❹ 鴨長明が著《あらわ》した随筆を何という？ (方丈記)

❺ 宋から伝わった建築様式で建てられた東大寺の門は何？ (南大門)

❻ 運慶らが制作し，❺に置かれている彫刻は何？ (金剛力士像)

16 元寇と鎌倉幕府の滅亡

□ できたらチェック

1 モンゴル帝国の成立

(1)**モンゴル帝国《ていこく》の成立**…13世紀の初め，チンギス=ハンが建国→大帝国へ

(2)**元《げん》の成立**

①[フビライ=ハン]が国号を**元**に

②1279年，宋《そう》を滅《ほろ》ぼし中国を統一 首都大都(現在の北京)

③**マルコ=ポーロ**…『東方見聞録《とうほうけんぶんろく》』
↳フビライに仕えたイタリア人 ↳「世界の記述」ともいう

□

2 元　寇

超出る!

(1)**元寇《げんこう》**

①**元**が，2度にわたり九州北部に襲来《しゅうらい》

②背景…元が日本の服属《ふくぞく》を要求→執《しっ》権《けん》[北条時宗《ほうじょうときむね》]が元の要求を拒否《きょひ》

③1274年[文永《ぶんえい》の役《えき》]…日本軍は，元軍の火薬兵器と集団戦法に苦戦

④1281年[弘安《こうあん》の役]…博多湾《はかたわん》岸に築いた**石塁《せきるい》**が元軍の上陸を防ぐ

⑤武士の奮戦《ふんせん》と暴風雨などで元軍は退却《たいきゃく》

(2)**元寇の影響《えいきょう》**

①幕府《ばくふ》は**財政難《ざいせいなん》**になる

②十分な[恩賞《おんしょう》]がなく，**御《ご》家人《けにん》の不満が高まる**

知っトク情報
神国思想のめばえ

2度にわたる**元寇**は外国との戦いだったため，日本人に国家に対する自覚を高めさせることになった。暴風を，日本を守ってくれた「**神風《かみかぜ》**」と考え，**日本は神《しん》国《こく》**(神が守る国)であるとする思想が生まれた。

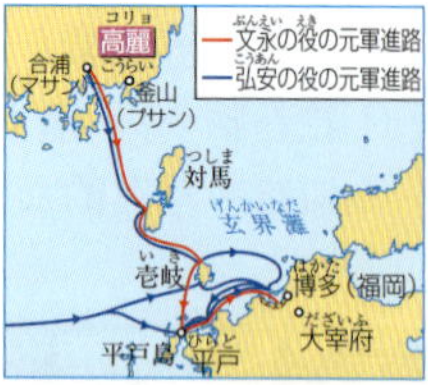

元軍の進路

元軍の兵士と戦う武士　(菊池神社)

テストでは… 元《げん》の成立と元寇《げんこう》の経過や影響《えいきょう》，鎌倉幕府《かまくらばくふ》のおとろえの原因などについてしっかりつかんでおこう。

3 鎌倉幕府の滅亡 超出る!

(1)**御家人の生活苦**…元寇で戦費を負担したが恩賞が不十分，分割相続《ぶんかつそうぞく》が続き領地が減少→領地の売却《ばいきゃく》や質入れ

(2)**鎌倉幕府《かまくらばくふ》のおとろえから滅亡《めつぼう》へ**

①1297年，［**徳政令《とくせいれい》**］を出す

②経済の混乱→幕府への反感が高まる

③幕府を支える御家人制がくずれる

④北条《ほうじょう》氏《し》の失政，内部争い

⑤1333年，［**足利尊氏《あしかがたかうじ》**］・新田義貞《にったよしさだ》・楠《くすの》木正成《きまさしげ》らが**鎌倉幕府を滅《ほろ》ぼす**

悪党

(3)**建武《けんむ》の新政《しんせい》**

①［**後醍醐天皇《ごだいごてんのう》**］が自ら政治を行う

②公家《くげ》重視の政治→約2年で失敗

↳武士の不満が高まる

満点への道 徳政令

御家人の生活苦を救うため，鎌倉幕府は，1297年**永仁の徳政令**を出し，質入れした領地をただで取り返させた。

用語マスター 悪党

鎌倉時代末期から，幕府や荘園《しょうえん》領主に反《はん》抗《こう》する武士や農民が現れ，徒党を組んで荘園の年貢《ねんぐ》などを横領した。「悪」とは強いという意味。

テストの例題チェック

❶ 国号を元とし，日本に服属《ふくぞく》を求めた人物はだれ？（ フビライ=ハン ）

❷ 元寇のときの鎌倉幕府の執権はだれ？（ 北条時宗 ）

❸ 元寇とは，文永の役ともう１つは何か？（ 弘安の役 ）

❹ 御家人が質入れした領地をただで取り返させた法令を何という？（ 徳政令 ）

❺ 新田義貞・楠木正成らとともに鎌倉幕府を滅ぼした武将はだれ？（ 足利尊氏 ）

❻ 建武の新政を始めた天皇はだれ？（ 後醍醐天皇 ）

17 室町幕府の成立

できたらチェック

1 南北朝の動乱

(1)足利尊氏《あしかがたかうじ》の挙兵《きょへい》…建武《けんむ》の新政《しんせい》をくずす
↳武家政治の復活をめざす

(2)南北朝《なんぼくちょう》の動乱(内乱)

①[南朝]…後醍醐天皇《ごだいごてんのう》が吉野《よしの》にのがれて開いた朝廷《ちょうてい》

②北朝…足利尊氏が[京都]に別の天皇を立ててできた朝廷

③全国の武士が，南朝か北朝のどちらかについて争う→約60年間続く
↳2つの朝廷

(3)守護《しゅご》の成長

①守護の領国内での権力が強まる

②領国内の武士を従えて領主化→[守《しゅ》護大名《ごだいみょう》]に成長

なぜ? どうして? 足利尊氏挙兵の理由

①武家政治の再興《さいこう》をはかった，②建武の新政では，征夷大将軍になれなかった，③建武の新政に不満を持つ武士が尊氏のもとに集まった，などの理由による。

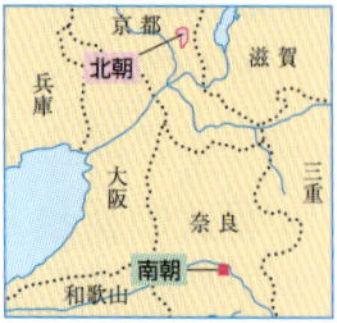

南朝と北朝の位置

2 室町幕府の成立 超出る!

(1)室町幕府《むろまちばくふ》の成立

①1338年，[足利尊氏《あしかがたかうじ》]が北朝から征《せい》夷《い》大将軍《たいしょうぐん》に任じられて幕府を開く

②3代将軍[足利義満《よしみつ》]が京都の**室町**に御所を建てる→**室町幕府**という
↳「花の御所」とよばれる

(2)1392年，足利義満のとき南朝と北朝が統一される…室町幕府が全盛となる

(3)**室町時代**…幕府成立から約240年間
↳1338年

満点への道 有力守護大名をたおす

足利義満のころ，各地に大きな勢力を持つ守護大名がいたため，義満は**全国の武士を支配**しようとして，山名《やまな》・大内《おおうち》氏などの**有力守護大名**をたおした。

テストでは… 南朝《なんちょう》と北朝《ほくちょう》，守護《しゅご》大名の成長，室町幕府《むろまちばくふ》の全盛期の将軍《しょうぐん》や，幕府のしくみなどについての問題はよく出題される。

3 室町幕府のしくみ 超出る!

(1)**特色**

①室町幕府は，朝廷の権限をしだいに吸収し，唯一《ゆいいつ》の政権となる

②義満の死後，**守護大名**の力が強まる

(2)**中央のしくみ**

①将軍の補佐役…[**管領**《かんれい》]を置く

②[**侍所**《さむらいどころ》]…軍事，京都の警備《けいび》

③**政所**《まんどころ》…幕府の財政《ざいせい》

④**問注所**《もんちゅうじょ》…政治の記録など

(3)**地方のしくみ**

①[**鎌倉府**《かまくらふ》]…東国10か国を支配

②**守護**…**地頭**《じとう》を従える

③**九州探題**《きゅうしゅうたんだい》，**奥州**《おうしゅう》**探題**

ミス注意 管領

鎌倉時代の**執権**《しっけん》に代わり，将軍の補佐役として**管領**《かんれい》が置かれた。有力な守護大名が任命された。

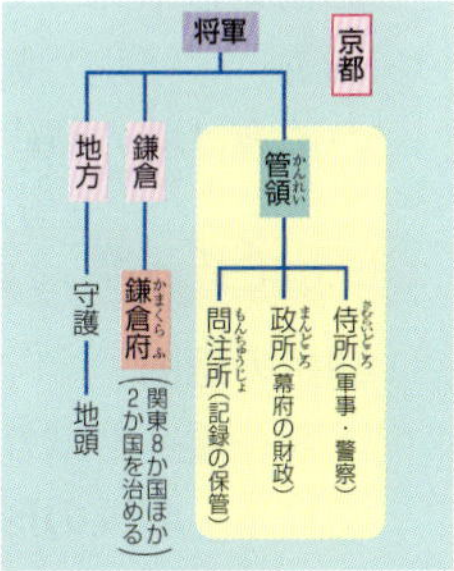

↑室町幕府のしくみ

テストの例題 チェック

❶ 後醍醐天皇が吉野に開いた朝廷《ちょうてい》を何という？ (南朝)

❷ 守護が領主化したものを何とよんでいる？ (守護大名)

❸ 室町幕府を開いたのはだれ？ (足利尊氏)

❹ 南北朝を統一させた将軍はだれ？ (足利義満)

❺ 室町幕府の将軍の補佐役を何という？ (管領)

❻ 軍事にかかわることや京都の警備などを行った幕府の役職は何？ (侍所)

❼ 鎌倉に置かれ関東を支配した幕府の機関は何？ (鎌倉府)

18 勘合貿易と東アジア

□ できたらチェック

1 倭　寇

(1)[倭寇《わこう》]…中国・朝鮮《ちょうせん》沿岸をおそう→西国の武士・商人・漁民の集団が貿易の強要など
↳ほかに中国人や朝鮮人もいた

(2)**活動時期**…南北朝《なんぼくちょう》時代ごろと16世紀に活発

(3)**影響《えいきょう》**…高麗《コリョ》《こうらい》の滅亡《めつぼう》，16世紀の倭寇は明《みん》の滅亡を早める

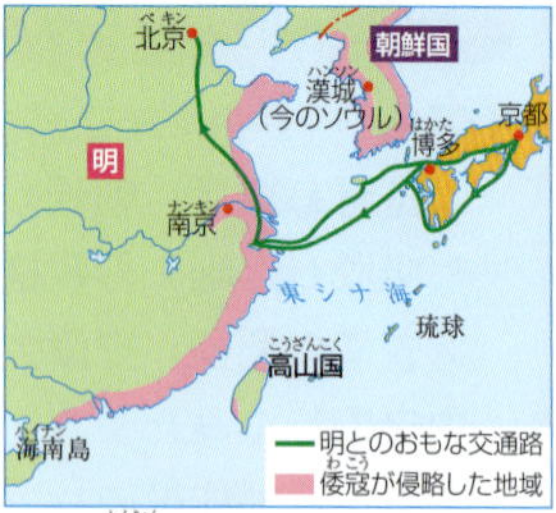

倭寇の侵略《しんりゃく》地域

知っトク情報 倭寇の活動

南北朝時代のころに活動した倭寇は，西国の武士や商人・漁民が中心だった。勘合貿易で一時活動がおとろえたが，16世紀になると中国や朝鮮の人々が大半をしめる倭寇が再び活動を始めた。

□

2 勘合(日明)貿易　超出る!

(1)**開始の理由**

①**明《みん》**…**倭寇**の取りしまりを求める

②日本…**朝貢《ちょうこう》の形式**で貿易を行う，**貿易の利益**は**幕府**の**財源《ざいげん》**に

(2)**貿易の開始**

①1404年，[足利義満《あしかがよしみつ》]が**明**との間で開始＝[日明貿易]
↳3代将軍

②正式な貿易船は**倭寇と区別**するために，**勘合《かんごう》**という合《あ》い札《ふだ》を使用したことから[勘合貿易]ともいう
↳明からあたえられた

(3)**貿易品**

①輸出品…刀剣《とうけん》・銅・硫黄《いおう》・まき絵
漆(うるし)工芸品↲

②輸入品…[銅銭]・絹織物《きぬおりもの》・書画
↳永楽通宝など

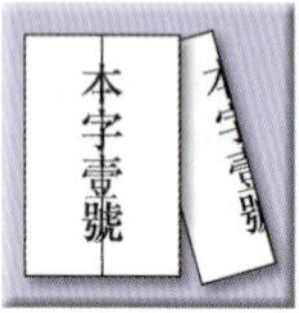

勘合

テストでは…

倭寇の意味と行動，勘合貿易の目的と始めた人物，東アジアの情勢などについても出題される。

3 東アジアの情勢

(1)**明の成立**…1368年，［漢《かん》］**民族**がモンゴル民族を北に追い出して建国

①産業…陶磁器《とうじき》や絹織物業が発達

②**文化**…**朱子学《しゅしがく》**がさかん，陽明学《ようめい》もおこる（日本に伝わる）

(2)［朝鮮《ちょうせん》］**の成立**（李成桂（イソンゲ）が建国）

①1392年，**高麗**をたおして成立

②独自の文字［ハングル］をつくる

③朱子学が発達

(3)［琉球王国《りゅうきゅう》］…15世紀に尚氏《しょうし》が沖縄《おきなわ》本島を統一→**中継《ちゅうけい》貿易**で栄える（中国と東南アジアを結ぶ）

(4)**蝦夷地《えぞち》**…**アイヌ民族**が狩り・漁，交易を行う→本州の和人《わじん》の進出《か》に圧迫《あっぱく》される

用語マスター

永楽通宝《えいらくつうほう》

明の**永楽帝**のときにつくられた貨幣《かへい》である**永楽通宝**は，勘合（日明）貿易で日本に伝わり，通貨として広く流通した。

満点への道

朝鮮の倭寇対策

朝鮮では，日本に倭寇の取りしまりを求めるとともに，略奪《りゃくだつ》を行わない者には貿易を許可するなどの対策を取った。

テストの例題チェック

❶ 中国・朝鮮沿岸をおそった集団は何？（ 倭寇 ）

❷ 勘合貿易を始めた将軍はだれか？（ 足利義満 ）

❸ 日本と勘合貿易を行った中国の王朝は？（ 明 ）

❹ 正式な貿易船と倭寇とを区別するために使われた合い札を何という？（ 勘合 ）

❺ 明を建国した民族を何という？（ 漢民族 ）

❻ 1392年に高麗をたおして成立した国を何という？（ 朝鮮国 ）

❼ 朝鮮でつくられた独自の文字を何という？（ ハングル ）

19 民衆の成長と戦国大名

□ できたらチェック

1 産業の発達

(1)**農業の発達**…二毛作が広がる→**牛馬《ぎゅうば》耕《こう》**・**草木灰《そうもくばい》**に加え，**堆肥《たいひ》**・**水車**の利用

(2)**手工業の発達**

①**職人**…大工・紙すき・機織《はたお》りなど

②**特産物**…西陣《にしじん》の絹織物《きぬおりもの》，灘《なだ》の酒など

(3)**鉱業の発達**…金，銀，砂鉄などの採掘《さいくつ》
↳石見鉱山（島根県）

(4)**商業の発達**

①各地での[定期市]，**座《ざ》**ができる
↳商工業者の同業組合

②運送業…**馬借《ばしゃく》**・**車借《しゃしゃく》**・**問《とい》(問丸《といまる》)**

③**高利貸《こうりが》し業**…[土倉《どそう》《とくら》]・**酒屋**

(5)**都市の発達**…城下町・門前町・港町，**自治都市**→堺《さかい》・京都・博多《はかた》
↳京都の町衆などが寄合を開き自治を行う

> **満点への道　運送業の発達**
>
> **馬借**…鎌倉《かまくら》・室町《むろまち》時代に，馬を使って**陸上運送**を行った。
>
> **問丸**…鎌倉・室町時代に**水上の運送業**にたずさわった。また，年貢《ねんぐ》米の保管などの仕事も行った。

↑馬借　（石山寺）

□

2 農民の成長　超出る!

(1)**村の自治**…自治的な組織である[惣《そう》]が[寄合《よりあい》]を開いて村のおきてなどを決める→農民が団結を強める
↳自治的な村を惣村

(2)**土一揆《どいっき》**（つちいっき）…農民などによる一揆

①**徳政令《とくせいれい》**や[年貢《ねんぐ》]の引き下げを要求

②**一揆の種類**…**徳政一揆**（[正長《しょうちょう》の土《ど》一揆《いっき》]，**国一揆**（山城《やましろ》国一揆），**一向《いっこう》一揆**（加賀《かが》の一向一揆）
↳1428年　↳1485年〜　↳1488年〜

> **満点への道　一揆の種類**
>
> **徳政一揆**…借金帳消しのための徳政令を要求する。
>
> **国一揆**…地侍《じざむらい》を中心に，**守護《しゅご》大名の支配に反抗《はんこう》**する。
>
> **一向一揆**…**浄土真《じょうどしん》宗（一向宗）の信徒**らが守護《しゅご》大名の支配に反抗する。

テストでは…

商業や都市の発達，農民の自治と土《ど》《つち》一揆《いっき》，応仁《おうにん》の乱の原因や影響《えいきょう》などについての出題が多い。

3 応仁の乱と戦国大名 超出る！

(1)1467年，［応仁の乱《おうにん》］がおこる

①**原因**…将軍《しょうぐん》［足利義政《あしかがよしまさ》］のあとつぎ争い，細川《ほそかわ》氏と山名《やまな》氏の対立
　↳8代将軍

②**経過**…**京都**を中心に約11年間続く

③影響《えいきょう》…幕府のおとろえ→［下剋上《げこくじょう》］の風潮《ふうちょう》の広がり→戦国時代へ
　↳以後100年ほど続く

(2)**戦国大名の出現**

①守護《しゅご》大名の家来や実力のある守護大名が**戦国大名**に

②［分国法《ぶんこくほう》］を定めて領内の武士や農民をきびしく支配
　↳家法ともいう

③**富国強兵政策**…農業の振興《しんこう》，商工業を保護，鉱山の開発

用語マスター　下剋上

応仁の乱のころから広がった，**下の身分の者が実力で上の身分の者をたおす**風潮。実力のある家臣《かしん》や地侍《じざむらい》(豪族《ごうぞく》)が，守護大名をたおし，戦国大名となった。

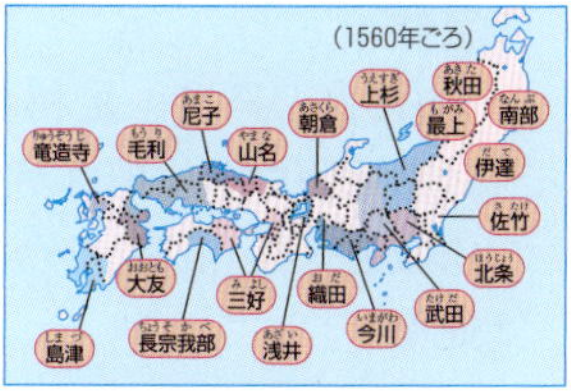

⬆おもな戦国大名の分布

テストの例題チェック

❶ 高利貸し業を営んだのは酒屋と何か？　（ 土倉 ）

❷ 惣が村のおきてなどを決めた会合を何というか？　（ 寄合 ）

❸ 土一揆では，農民は何の引き下げを要求したか？　（ 年貢 ）

❹ 1467年に京都を中心におこった戦乱を何という？　（ 応仁の乱 ）

❺ 下の身分の者が上の身分の者を実力でたおす風潮を何という？　（ 下剋上 ）

❻ 戦国大名が，領内の武士や農民などを支配するために定めた法令を何という？　（ 分国法(家法) ）

20 室町時代の文化

□ できたらチェック

1 室町文化の特色

(1)**特色**

①[公家《くげ》]と**武家**の文化がとけ合う

②**禅宗**《ぜんしゅう》の影響《えいきょう》，**簡素で深み**がある文化

(2)**北山文化**《きたやま》…**足利義満**《あしかがよしみつ》のころ栄える

(3)**東山文化**《ひがしやま》…[足利義政《よしまさ》]のころ栄える

□

2 室町文化の遺産 超出る!

(1)**芸能**

①[能《のう》(能楽《のうがく》)]…足利義満の保護を受けた観阿弥《かんあみ》・世阿弥《ぜあみ》が大成

（田楽・猿楽をもとにした）

②**狂言**《きょうげん》…能(能楽)の合間《あいま》の短い喜劇

(2)**建築**

①[書院造《しょいんづくり》]…現代の和風建築のもと

②**金閣**《きんかく》(足利義満)・[銀閣《ぎんかく》](足利義政)

③**枯山水の庭園**《かれさんすい》…龍安寺《りょうあんじ》の石庭など

(3)**絵画**

◇[雪舟《せっしゅう》]…日本の**水墨画**《すいぼくが》を大成

金閣　(鹿苑寺)

書院造(慈照寺《じしょうじ》の東求堂同仁斎《とうぐどうどうじんさい》)　(慈照寺)

満点への道

書院造

室町《むろまち》時代に発達した建築様式。床《とこ》の間《ま》・違《ちが》い棚《だな》をつくり，たたみを敷《し》き，明かり障子《しょうじ》やふすまを用いた。**現代の和風建築のもと**になった。

知っトク情報

枯山水

日本庭園の様式の1つ。水を用いず石や砂で山や水を表現する。河原者《かわらもの》とよばれ差別を受けていた人々の優《すぐ》れた技術でつくられた。京都の龍安寺の石庭が有名。

水墨画　雪舟　(東京国立博物館)

テストでは… 室町《むろまち》文化の特色とおもな文化遺産《いさん》や，現在にまで伝わる文化などはしっかりつかんでおくこと。

3 仏教・学問の普及

(1)**仏教の普及《ふきゅう》**

①浄土真宗《じょうどしんしゅう》→武士や農民に広まる
↳一向宗ともよばれた　↳北陸や近畿地方

日蓮宗《にちれんしゅう》→京都や堺《さかい》の町衆《まちしゅう(ちょうしゅう)》に広まる

②禅宗の影響…書院造，水墨画

③禅僧の活躍《かつやく》…文芸・外交・貿易

(2)**学問の普及**…足利学校，五山《ござん》文学
栃木県・上杉氏が保護↲　↳京都・鎌倉のそれぞれ5つの寺

満点への道
庶民文化

お伽草子…絵入りの物語で，「**浦島太郎《うらしまたろう》**」や「**一寸法師《いっすんぼうし》**」など。現在にまで伝わっているものも多い。

連歌…和歌の上の句と下の句を交互《こうご》に詠《よ》み連ねていく文芸で，**宗祇《そうぎ》**が大成した。

4 文化の広がり

(1)**民衆に広がる文化**…戦乱をさけて公家や僧《そう》が京都から地方に下る

(2)**庶民《しょみん》文化**

①[お伽草子《とぎぞうし》]…絵本，**連歌《れんが》**の流行

②茶の湯・生け花の流行

③**行事**…盆踊《ぼんおど》り・村祭り

↑茶の湯

テストの例題チェック

❶ 東山文化が栄えたのは何という将軍のときか？（ 足利義政 ）

❷ 観阿弥・世阿弥が大成した芸能は何か？（ 能(能楽) ）

❸ 現在の和風建築のもとになった建築様式は？（ 書院造 ）

❹ 金閣を建てた将軍《しょうぐん》は？（ 足利義満 ）

❺ 水墨画を大成した人物はだれか？（ 雪舟 ）

❻ 石や砂で山や水を表現する日本庭園の様式を何というか？（ 枯山水 ）

21 ヨーロッパ世界の形成と発展

□ できたらチェック

1 ヨーロッパ諸国のおこり

(1)**ゲルマン人**…ローマ帝国領内に大移動

(2)[ローマ帝国《ていこく》]…東西に分裂《ぶんれつ》→**ビザンツ(東ローマ)帝国**は1000年余り続く
↳4世紀末

(3)**フランク王国**

①8世紀末, 西ヨーロッパの大部分支配

②**フランス・ドイツ・イタリア**のもと
↳9世紀に分裂

(4)[封建《ほうけん》制度]…国王・諸侯《しょこう》・騎士《きし》が領主として農民を支配
契約(けいやく)による主従関係で結ばれる

(5)**キリスト教の発展**

①**カトリック教会**…ヨーロッパ各地に

②**ローマ教皇《きょうこう》**…カトリック教会の首長, 一時は国王をしのぐ政治権力をもつ
↳法王(ほうおう)

□

2 イスラム世界

(1)[イスラム教]…**ムハンマド**が開く
↳7世紀初め, マホメットともいう

(2)**イスラム帝国**

①8世紀, 三大陸にまたがる大帝国に発展
↳アジア・アフリカ・ヨーロッパ

②首都[バグダッド]

③イスラム商人が東西貿易で活躍《かつやく》

(3)**イスラム文化**…国際性豊かな文化
→アラビア数字,『アラビアンナイト』
↳現在の数字のもと　↳『千夜一夜物語』

知っトク情報
フランク王国とキリスト教

フランク王国は, 国王がローマの伝統を尊重《そんちょう》しようとした。また, ローマ人との関係を親密なものにして他のゲルマン人をおさえて, 勢力をのばそうとした。そのため, ローマでさかんだった**キリスト教を国教**にした。

知っトク情報
バグダッド

イスラム帝国の首都**バグダッド**は政治・経済《けいざい》・文化の中心で, 唐《とう》の**長安《ちょうあん》**とならぶ**国際都市**だった。

イスラム帝国(8世紀ころ)

テストでは…

ヨーロッパ諸国と封建《ほうけん》制度，イスラム教の開祖とイスラム帝国，十字軍の目的や影響《えいきょう》などがよく問われる。

3 十字軍の派遣

(1)**セルジューク=トルコ**…イスラム教徒の国

①聖地[エルサレム]を占領《せんりょう》→キリスト教徒の巡礼者《じゅんれいしゃ》を迫害《はくがい》

②ビザンツ(東ローマ)帝国を圧迫《あっぱく》する

(2)[十字軍]の派遣《はけん》

└胸に十字架のマークをつけた

①**ローマ教皇**が聖地奪回《だっかい》をよびかける

②1096年から約200年間に７回派遣

③影響《えいきょう》…教会の勢力がおとろえ，諸侯・騎士が没落《ぼつらく》

(3)**王権**が強まる…大商人と結び，経済《けいざい》力をつける，諸侯・騎士の領地没収《ぼっしゅう》

(4)**都市の発達**…北イタリアの**ベネチア**・ジェノバなどが十字軍の通路で繁栄《はんえい》

知っトク情報
エルサレム

エルサレムは，キリスト教，ユダヤ教，イスラム教の聖地である。現在，**イスラエルが首都**として宣言している。

満点への道
都市の発達

商工業者の経済力が高まると，都市は領主(国王や諸侯)から**自治権**を買い取ったり，戦って**自治権**を獲得《かくとく》したりしていった。

テストの例題チェック

❶ ゲルマン人の大移動で東西に分裂した帝国は？（ ローマ帝国 ）

❷ 国王・諸侯・騎士が領主として農民を支配した制度を何という？（ 封建制度 ）

❸ ７世紀にムハンマドが開いた宗教は何？（ イスラム教 ）

❹ イスラム帝国の首都はどこ？（ バグダッド ）

❺ キリスト教・ユダヤ教・イスラム教の聖地である都市を何という？（ エルサレム ）

❻ 聖地奪回を目的に派遣された軍隊を何という？（ 十字軍 ）

22 ルネサンスと宗教改革

できたらチェック

1 ルネサンス

(1)おこり…14世紀，［イタリア］の都市
→イスラム世界との貿易で栄えていた
(2)意味…古代ギリシャ・ローマの学問や芸術を学びなおす→文芸復興《ぶんげいふっこう》
(3)背景…イスラム文化の影響《えいきょう》，教会の教えとは異なる［人間性］を重視《じゅうし》する動きの高まり→人間の美しさが追求された

イタリアの諸都市

2 ルネサンスの広がり 超出る!

(1)**文学**
①ダンテ→『**神曲**《しんきょく》』…ルネサンスの先がけ，ボッカチオ→『デカメロン』
②16世紀，シェークスピア（→イギリス）が活躍《かつやく》
(2)**美術**…［レオナルド=ダ=ビンチ］→「**モナ=リザ**」，ミケランジェロ→「ダビデ像」，ボッティチェリ→「春」
(3)**自然科学**
①コペルニクス…**地動説**を唱える（→ローマ教会は天動説を主張）
②［ガリレイ］…**地動説**を証明，望遠鏡の発明（地球が太陽を回っているとする考え）
③**ルネサンス期の技術の発達**…火薬・羅針盤《らしんばん》・活版印刷の実用化（→グーテンベルク）

満点への道
『神曲』
14世紀のころは，書物のほとんどはラテン語で書かれていた。詩人の**ダンテ**は天国や地獄《じごく》をテーマにした『**神曲**』（長編叙事詩《じょじし》）を日常使われていた**イタリア語**で著《あらわ》し，だれでも読めるようにして，文化を広めようとした。

「モナ=リザ」

テストでは… ルネサンスのおこりの背景や文化遺産《いさん》，宗教改革《しゅうきょうかいかく》の意味と中心人物，イエズス会などについては重要!!

3 宗教改革 超出る!

(1)**原因**…ローマ教皇《きょうこう》が**免罪符**《めんざいふ》を発行

(2)[宗教改革《しゅうきょうかいかく》]の始まり

①1517年，[ルター]が**ドイツ**で始める
→免罪符に抗議《こうぎ》，よりどころは**聖書**

②1541年，[カルバン]がスイスで始める→職業にはげむことを主張
↳カルビンともいう

(3)**プロテスタント**(新教)の誕生《たんじょう》→**カトリック(旧教)**と対立
↳「抗議する人」という意味

(4)カトリック(旧教)側の改革

①宗教改革の反省に立って信仰《しんこう》を立て直す

②[イエズス会]の結成…ロヨラ，**ザビエル**らが海外布教をすすめる
日本にキリスト教を伝える↲

用語マスター
免罪符

ローマ教会が大聖堂を修築《しゅうちく》するために発行したもので，これを買えば罪が許され，天国に行けるなどとした。これに対し，**ルター**は，信仰のよりどころは**聖書**であると主張した。

ルター

テストの例題 チェック

❶ ルネサンスがおこった国はどこか？ (イタリア)

❷ 『神曲』を著してルネサンスの先がけとなった人物はだれ？ (ダンテ)

❸ コペルニクスの地動説を証明した人物はだれ？ (ガリレイ)

❹ 1517年にドイツで宗教改革を始めたのはだれ？ (ルター)

❺ 1541年にスイスで宗教改革を始めたのはだれ？ (カルバン)

❻ 宗教改革によって誕生した新教を何という？ (プロテスタント)

❼ 海外布教をすすめたカトリック側の組織は？ (イエズス会)

23 大航海時代

□ できたらチェック

1 新航路の開拓 超出る!

(1)**背景**…ヨーロッパで，**香辛料《こうしんりょう》**などアジアの産物はイスラム商人から買っていた→アジアの産物は高価な貴重品

(2)**ポルトガル**・[スペイン]…アジアと直接貿易をするため，新航路を開拓《かいたく》

(3)**航海技術の進歩**

①**羅針盤《らしんばん》**の改良で遠洋航海が可能に
↳方位と進路を測る器械

②天文学，海図の製作法が進歩

(4)**新航路の開拓**

①[コロンブス]…1492年，**西インド諸島《しょとう》**(北アメリカ大陸の島々)に到達《とうたつ》
↳コロンブスはインドの一部と信じていた

②**バスコ=ダ=ガマ**…1498年,**インド航路**

③[マゼラン]の艦隊《かんたい》…1519～1522年，**世界一周**を達成
↳マゼランはフィリピンで戦死

なぜ?どうして?
香辛料を求めた理由

アジアで生産される**こしょう**などの**香辛料**は，ヨーロッパの人々にとって，調理や，特に肉の保存のために欠かせないものだった。

バスコ=ダ=ガマが**インド航路**を開拓して海路でインドに直接行けるようになると，イスラム商人から買っていたときにくらべ，こしょうの値段は，半分以下になったといわれる。

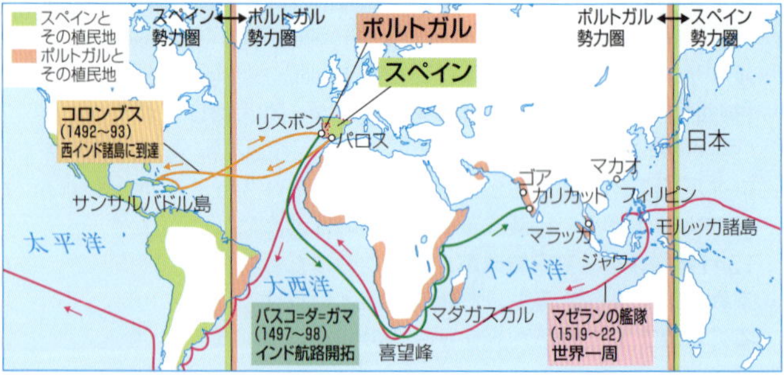

←新航路の開拓

テストでは… 新航路開拓の背景，新航路を開拓した人物と航路などが問われることが多い。東インド会社も要チェック！

2 ヨーロッパ諸国の世界進出

(1)**ポルトガル**のアジア進出…ゴア・マラッカ・マカオを根拠地《こんきょち》に**アジア貿易を独占《どくせん》**→中継《ちゅうけい》貿易
　ゴア：インド　マラッカ：マレー半島　マカオ：中国

(2)**スペイン**の進出

①**アメリカ大陸に進出**…[アステカ]帝国《ていこく》・[インカ]帝国を滅《ほろ》ぼす
　アステカ：メキシコ中央部　インカ：ペルーが中心

②マニラを根拠地にアジアに進出
　マニラ：フィリピン

→1580年，**ポルトガル**を併合《へいごう》
　1580～1640年

→**世界貿易を独占**

(3)[イギリス]…スペインの**無敵艦隊《むてきかんたい》**を破り，アジア・北アメリカに進出
　無敵艦隊：当時世界最強といわれた

(4)**オランダ…東インド会社**設立→インドネシアに進出
　オランダ：16世紀末，スペインから独立

知っトク情報
新航路開拓の影響《えいきょう》
16世紀の後半から，ポルトガル・スペインのほか，オランダやイギリスもアジアへ進出し，日本にも接近してきた。

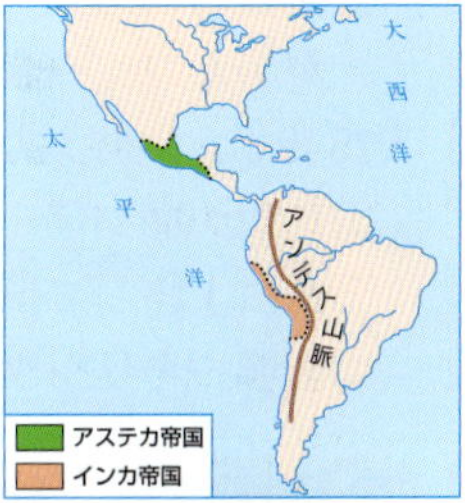

アステカ帝国とインカ帝国

テストの例題チェック

❶ アジアに直接行くために新航路を求めた国はポルトガルとどこ？ （スペイン）
❷ 1492年に西インド諸島に到達したのはだれ？ （コロンブス）
❸ 初めて世界一周を達成したのはだれの艦隊？ （マゼラン）
❹ スペインが滅ぼした南アメリカ大陸の帝国を何という？ （インカ帝国）
❺ ポルトガルを併合して世界貿易を独占した国は？ （スペイン）
❻ スペインの無敵艦隊を破り，世界進出した国は？ （イギリス）

24 ヨーロッパ人の来航と織田信長

□ できたらチェック

1 ヨーロッパ人の来航 超出る!

(1)背景

①**新航路の開拓**でアジアへ進出

②**宗教改革《しゅうきょうかいかく》→イエズス会**, アジアへ布教

(2)1543年, [鉄砲《てっぽう》]の伝来

①ポルトガル人が[種子島《たねがしま》]に伝える
↳鹿児島県

②**影響《えいきょう》**…戦国大名が注目→戦いの勝敗が早くつく→**全国統一を早める**

(3)1549年, [キリスト教]の伝来

①[フランシスコ=ザビエル]が**鹿児《かご》島《しま》**に上陸して伝える→各地に布教
↳イエズス会の宣教師

②影響…**キリシタン大名**の誕生《たんじょう》

用語マスター
キリシタン大名

キリスト教の信者となった大名のこと。戦国大名の中には，**南蛮貿易の利益**を期待してキリスト教を保護したり，自ら信者になるものがいた。

□

2 南蛮貿易

(1)[南蛮《なんばん》貿易]

①[ポルトガル]人・[スペイン]人との貿易

②**輸入品**…生糸《きいと》・絹織物《きぬおりもの》, 香辛料, 鉄砲・火薬。

③**輸出品**…銀, 刀剣, 漆器《しっき》

(2)**南蛮文化**…貿易や布教で伝わったヨーロッパ文化
→医学・天文学・ローマ字本

知っトク情報
天正遣欧《てんしょうけんおう》少年使節

キリシタンの大友《おおとも》宗麟《そうりん》・有馬晴信《ありまはるのぶ》・大《おお》村純忠《むらすみただ》の3大名は**4人の少年使節をローマ教皇《きょうこう》**のもとに送った。彼らが，帰国したときには豊臣秀吉《とよとみひでよし》によって**宣教師《せんきょうし》の追放**が行われていた。

南蛮船の来航　(神戸市立博物館)

テストでは… 鉄砲やキリスト教の伝来の時期と影響《えいきょう》，南蛮《なんばん》貿易の意味，織田信長《おだのぶなが》の統一事業と政策などが多く出題される。

3 織田信長の統一事業 超出る!

(1)全国統一へのあゆみ

①1560年，**桶狭間《おけはざま》の戦い**で今川義元《いまがわよしもと》破る
　└駿河(静岡県)

②1573年，[**室町幕府《むろまちばくふ》**]をたおす

③1575年，[**長篠《ながしの》の戦い**]で武田氏《たけだし》を破る
　└愛知県　└甲斐(山梨県)

④1576年，琵琶湖《びわこ》東岸に**安土城**を築く
　└滋賀県

⑤1582年，本能寺《ほんのうじ》の変でたおれる
　└京都で家臣の明智光秀(あけちみつひで)に襲われる

(2)織田信長《おだのぶなが》の政策

①安土《あづち》城下で[**楽市《らくいち》・楽座《らくざ》**]

②関所を廃止《はいし》する

③**仏教弾圧《だんあつ》**

・[**延暦寺《えんりゃくじ》**]焼き打ち
　└比叡山(ひえいざん)

・一向一揆《いっこういっき》と戦う

④キリスト教を保護する

満点への道 楽市・楽座

市場の税を免除《めんじょ》し，**座の特権を廃止**して，だれでも自由に商工業を営めるようにした。「楽」は自由という意味である。**織田信長**が安土城下で行った政策が有名。

織田信長の統一の経過

テストの例題チェック

❶ 鉄砲は何という島に初めて伝わったか？　(種子島)

❷ キリスト教を伝えた人物はだれ？　(フランシスコ=ザビエル)

❸ ポルトガルやスペインとの貿易を何という？　(南蛮貿易)

❹ 織田信長・徳川家康《とくがわいえやす》連合軍が武田氏を破った戦いを何という？
(長篠の戦い)

❺ 市場の税を免除し，座の特権を廃止した政策を何という？
(楽市・楽座)

❻ 織田信長が焼き打ちした寺を何という？　(延暦寺)

25 豊臣秀吉の政策と桃山文化

□ できたらチェック

1 豊臣秀吉の全国統一

(1)**全国統一の経過**

①**明智光秀**《あけちみつひで》をたおす→信長《のぶなが》の後継者《こうけいしゃ》に
↳織田信長の家臣

②[**大阪城**《おおさかじょう》]を築く…**統一の本拠地**《ほんきょち》

③1590年，小田原《おだわら》の[**北条氏**《ほうじょうし》]をたおして全国統一を達成
↳神奈川県

(2)**封建**《ほうけん》**支配の確立**…**幕府**《ばくふ》**を開かず**，朝廷《ちょうてい》から[**関白**《かんぱく》]，翌年太政大臣《だいじょうだいじん》に任命

□

2 豊臣秀吉の政策 超出る!

(1)**太閤**《たいこう》[**検地**《けんち》]…1582年から全国的に実施《じっし》

①土地ごとに耕作者を**検地帳**に登録→土地と農民を支配し[**年貢**《ねんぐ》]を徴収《ちょうしゅう》→荘園制は完全になくなる

②農民は**年貢を納める義務**を負う
↳土地の所有権も認められた

(2)[**刀狩**《かたながり》]…1588年から行う

①農民から**武器没収**《ぼっしゅう》→[**一揆**《いっき》]を防ぎ，耕作に専念させる

②**兵農分離**《へいのうぶんり》がすすむ
↳武士と農民の身分の区別

(3)**キリスト教禁止**…宣教師《せんきょうし》を追放

(4)[**朝鮮侵略**《ちょうせんしんりゃく》]…明《みん》の征服《せいふく》をめざす

①**文禄**《ぶんろく》**の役**《えき》・**慶長**《けいちょう》**の役**→失敗
↳1592年 ↳1597年

②豊臣氏の没落《ぼつらく》を早める

満点への道 検地の方法

秀吉は，検地を行う際**ものさしやますを統一**して田畑の面積を調べ，収穫高《しゅうかくだか》を**石高**《こくだか》で表し，耕地ごとに耕作者を決め，検地帳に登録した。

一，諸国《しょこく》の百姓《ひゃくしょう》たちが，刀・脇差《わきざし》・弓・槍《やり》・鉄砲《てっぽう》その他武具類を持つことをかたく禁止する。
一，取り上げた刀や脇差《わきざし》などは，今度建立《こんりゅう》する大仏のくぎやかすがいにする。

刀狩令(一部)

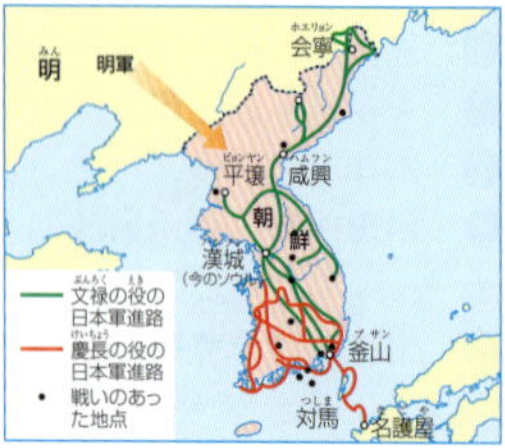

朝鮮侵略

テストでは… 豊臣秀吉《とよとみひでよし》の全国統一の経過や政策，桃山《ももやま》文化のおもな遺産《いさん》などについては，まとめて覚えておこう。

3 桃山文化　超出る!

(1)**特色**

①**雄大《ゆうだい》で豪華《ごうか》**…新興《しんこう》大名・大商人中心

②**南蛮《なんばん》文化**の影響《えいきょう》を受ける

(2)**文化遺産《いさん》**

①建築…**大阪城**・**姫路《ひめじ》城**など→雄大な[天守閣《てんしゅかく》]→支配者の権威《けんい》

↳ひときわ高い建物

②**絵画**

・**障壁画《しょうへきが》**…**狩野永徳《かのうえいとく》**・山楽《さんらく》ら

・風俗《ふうぞく》画→南蛮屏風《びょうぶ》

③**茶道《さどう》**の大成…[千利休《せんのりきゅう》]

④芸能…[出雲《いずも》の阿国《おくに》]→**歌舞《かぶ》伎踊《きおど》り**，浄瑠璃《じょうるり》，小唄《こうた》

↳島根県　阿国歌舞伎↲

⑤工芸…有田焼《ありたやき》・唐津《からつ》焼など

↳佐賀県

知っトク情報　有田焼

日本の代表的な陶《とう》磁器《じき》である有田焼は，朝鮮侵略のときに連行されてきた李参平《イサンピョン》《りさんぺい》が，現在の佐賀県有田町で始めたもの。伊万里《いまり》焼ともいう。

姫路城

テストの例題　チェック

❶ 豊臣秀吉が全国統一の本拠地にした城は？　（ 大阪城 ）

❷ 農民が年貢を納める義務を負うことになった秀吉の政策は？　（ 太閤検地 ）

❸ 農民から武器を取り上げた秀吉の政策は？　（ 刀狩 ）

❹ 刀狩は，農民の何を防ぐためのものか？　（ 一揆 ）

❺ 秀吉が２度にわたって侵略したのはどこ？　（ 朝鮮 ）

❻ 城の中心にそびえるひときわ高い建物は何？　（ 天守閣 ）

❼ 茶道を大成したのはだれ？　（ 千利休 ）

26 江戸幕府の成立

□ できたらチェック

1 江戸幕府の成立 超出る!

(1)[関ヶ原《せきがはら》の戦い]

①1600年, **徳川家康《とくがわいえやす》**と**石田三成《いしだみつなり》**らが戦う

②家康が勝って天下の実権をにぎる

(2)**江戸幕府《えどばくふ》の成立**…1603年, [徳川家康《とくがわいえやす》]が**征夷大将軍《せいいたいしょうぐん》**に任命され, **幕府を開く**

(3)大阪《おおさか》の陣《じん》で**豊臣《とよとみ》氏《し》滅亡《めつぼう》**(1615年)

→冬の陣・夏の陣の2回攻める

□

2 江戸幕府のしくみ

(1)[幕藩《ばくはん》]体制…幕府と**藩**(**大名領《だいみょうりょう》**)が全国の土地と人民を支配するしくみ

(2)**強い幕府の力**

①**将軍の権力**…全国の大名と主従関係

②**経済《けいざい》力…全石高《こくだか》の約4分の1の領地**・重要都市・鉱山を直接支配, 貨幣の発行権を独占

→京都・大阪・奈良・長崎など

→諸藩は藩札を発行

③**軍事力**…将軍直属の家臣, [旗本《はたもと》]・**御家人《ごけにん》**からなる

(5)**江戸幕府のしくみ**

①**中央**…[老中《ろうじゅう》]→日常政務の最高職, **若年寄《わかどしより》**, **三奉行《さんぶぎょう》**

寺社奉行・勘定奉行・町奉行←

②**地方**…**京都所司代《しょしだい》**, 大阪城代, 遠国《おんごく》奉行

> **用語マスター 大名・旗本・御家人**
>
> **大名**…将軍から1万石《ごく》以上の領地をあたえられた武士。領内の支配に強い独立性をもつ。大名の領地とその支配のしくみを, 藩《はん》という。
>
> **旗本**…将軍に直属する領地が1万石未満の家臣で, 将軍に会うことができた者。将軍に会うことができない家臣は**御家人**という。

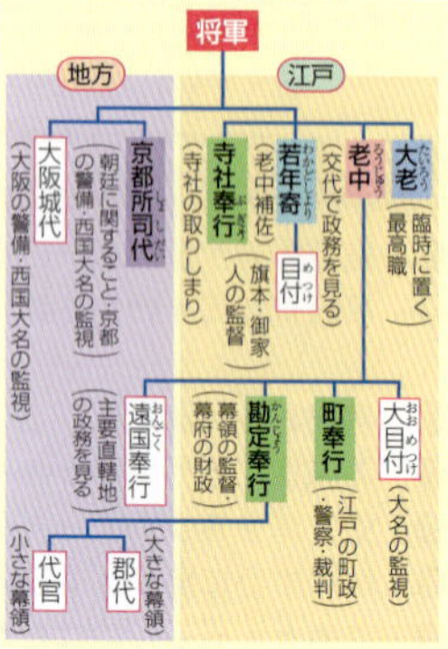

↑江戸幕府のしくみ

テストでは…

関ヶ原《せきがはら》の戦いと江戸幕府《えどばくふ》を開いた人物，大名《だいみょう》の種類や武家《ぶけ》諸法度《しょはっと》，参勤交代《さんきんこうたい》などが出題されることが多い。

3 大名の統制

超出る!

(1)大名の種類

①**親藩《しんぱん》**…徳川氏一族，重要地に配置
↳尾張(愛知県)・紀伊(和歌山県)・水戸(茨城県)は御三家とよばれた

②[譜代大名《ふだいだいみょう》]…関ヶ原の戦い以前からの家臣→重要地に配置
↳幕府を守る

③[外様大名《とざまだいみょう》]…関ヶ原の戦いの後に従う→江戸から遠い地に配置
↳幕府を攻めることができないように

(2)[武家諸法度《ぶけしょはっと》]の制定

①**目的**…**大名の反抗《はんこう》を防ぐ**ため

②制限…城の修理・大名の結婚《けっこん》など

③[参勤交代《さんきんこうたい》]…**徳川家光《いえみつ》**のとき確立
↳3代将軍

・1年おきに江戸と領地を往復した
↳大名行列

・**出費が多く，大名の経済力を弱めた**

(3)**朝廷《ちょうてい》の統制**…禁中並公家諸法度《きんちゅうならびにくげしょはっと》
↳京都所司代が監視

知っトク情報 武家諸法度

武家諸法度は1615年に初めて出され，その後将軍が代わるたびに出された。1635年に徳川家光が出した武家諸法度で，**参勤交代の制度**が確立した。

一，大名は領地と江戸に交代で住み，毎年四月中に参勤せよ。
一，新しく城を築いてはならない。城の修理は奉行所《ぶぎょうしょ》に届《とど》け出ること。

↑武家諸法度(1635年，一部)

テストの例題チェック

❶ 徳川家康と石田三成らの戦いを何という？ (関ヶ原の戦い)
❷ 江戸幕府を開いた人物はだれか？ (徳川家康)
❸ 江戸幕府の日常政務の最高職を何という？ (老中)
❹ 徳川氏一族の大名を何という？ (親藩)
❺ 関ヶ原の戦いの後に徳川氏に従った大名を何という？ (外様大名)
❻ 大名の反抗を防ぐために定められた法令は何？ (武家諸法度)
❼ 大名が1年おきに江戸と領地を往復する制度は？ (参勤交代)

27 江戸時代の社会

できたらチェック

□ 1 さまざまな身分

(1)**身分制度**

①[武士《ぶし》]・**百姓《ひゃくしょう》・町人→武士が支配階級**
↳おもに農民

②**目的**…封建《ほうけん》支配の強化のため

(2)**身分上の差別**

①身分は原則として代々受けつがれる

②身分・家がらで衣食住に差別

③結婚《けっこん》は同じ身分の者同士に限る

④同じ身分の中にも上下がある

(3)**家族**…強い家長の力，低い女子の地位

□ 2 武士のくらし

(1)百姓や町人の上に立つ**支配階級**

(2)**武士のくらし**

①[年貢米《ねんぐまい》]や俸禄米《ほうろくまい》で生活
↳給料として支給される米

②領内の政治や城の警備などを行う

(3)**特権**…[名字《みょうじ》]・帯刀《たいとう》，切り捨《す》てごめん

(4)**武士道**…朱子《しゅし》学の影響《えいきょう》，主君への忠義《ちゅうぎ》
↳武士の守るべき道徳

□ 3 百姓のくらし 超出る!

(1)**身分**

①**年貢《ねんぐ》**を納め，武士の生活を支える

②武士につぐ身分とされた

満点への道
差別された人々

百姓・町人とは別に**えた・ひにん**とよばれるきびしく差別された身分の人々がいて，役人の下働きで犯罪者を捕《と》らえたり，死んだ牛馬の処《しょ》理《り》や皮革《ひかく》業などの仕事に従事した。

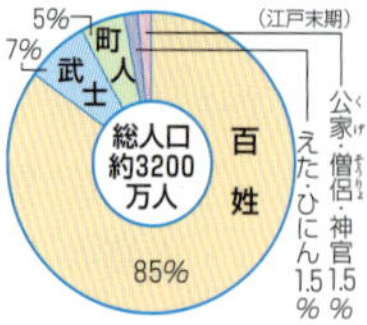

↑身分別人口の割合

知っトク情報
切り捨てごめん

武士の特権の切り捨てごめんは，武士に無礼《ぶれい》のあった百姓・町人を切り捨ててもよいということであるが，正当な理由がなければ，武士でも罰《ばっ》せられた。

テストでは… 武士の特権，百姓の年貢《ねんぐ》の納入義務，武士の百姓統制などが問われることが多い。

(2)**村のしくみ**

①**村役人**…［**庄屋《しょうや》**］・組頭《くみがしら》・百姓代《だい》
　↳関東では名主という

②［**本百姓《ほんびゃくしょう》**］…年貢納入の義務を負う

③**水のみ百姓**…小作人
　↳土地を持たない

(3)**百姓の統制**

①**御触書《おふれがき》**…年貢を確実に取るために，百姓の日常生活を細かく規制

②［**五人組**］…年貢の納入，犯罪《はんざい》の防止に連帯責任

(4)**重い税**…収穫《しゅうかく》高の40～50％の年貢
　↳四公六民，五公五民

満点への道
五人組

本百姓5戸一組を原則にして，年貢の納入や犯罪防止に連帯責任を負わせるとともに，たがいに監《かん》視《し》させ，あやしいことがあると密告《みっこく》させた。

一，朝は早起きをして草をかり，昼は田畑の耕作，晩《ばん》には縄《なわ》をない，俵《たわら》をあみ，一心に仕事をしなさい。
一，酒や茶を買って飲んではいけない。
一，雑穀《ざっこく》を作り，米を多く食いつぶさないこと。

↑御触書（一部）

4 町人のくらし

(1)町人…商人と職人→営業税を納める

(2)生活…比較《ひかく》的自由，富《とみ》をたくわえる

(3)町の政治…町役人が選ばれて自治

テストの例題 チェック

❶ さまざまな身分のうち最も上位に置かれた身分は何か？ （ 武士 ）

❷ 江戸時代，全人口の80％以上をしめた身分は何というか？ （ 百姓 ）

❸ 武士の生活を支えていたのは百姓の納める何か？ （ 年貢米 ）

❹ 年貢の納入の義務を負ったのは何という百姓か？ （ 本百姓 ）

❺ 年貢の納入や犯罪の防止に連帯責任を負わせたしくみを何という？ （ 五人組 ）

28 鎖　国

できたらチェック

1 日本人の海外発展

(1)朱印船貿易《しゅいんせん》

①徳川家康《とくがわいえやす》が大名《だいみょう》や商人に[朱印状《しゅいんじょう》]をあたえてすすめる

②西国《さいごく》の大名や京都・堺《さかい》・長崎《ながさき》の大商人らが**東南アジア**へ**朱印船**を派遣《はけん》…ルソン，安南《あんなん》，カンボジア，シャム
（ルソン→フィリピン　安南→ベトナム　シャム→タイ）

③移住した人々が東南アジア各地に[日本町]を形成…日本人の自治が行われる→山田長政《やまだながまさ》
（→タイ）

(3)ヨーロッパ諸国との交流
…ポルトガル・スペイン・オランダ・イギリスと貿易

知っトク情報
朱印状

将軍が朱色の印をおした，日本の商船であることを証明する**渡航許可状**で，**朱印状**がなければ貿易船を出航させることはできなかった。

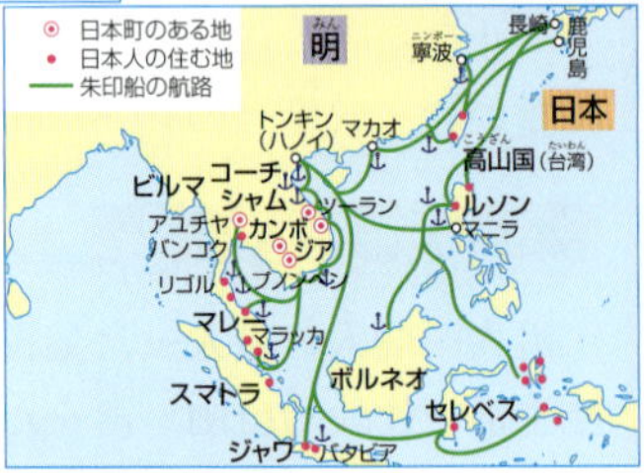

朱印船の航路と日本町

比較　勘合貿易・朱印船貿易・鎖国下の貿易

	勘合《かんごう》貿易	朱印船貿易	鎖国下の貿易
時　期	1404年～16世紀半ば	17世紀初め～1635年	17世紀半ば～19世紀
関連人物	足利義満《あしかがよしみつ》	徳川家康《いえやす》	徳川家光《いえみつ》
貿易の特　色	**勘合**で**倭寇**《わこう》と区別→銅銭《どうせん》(明銭《みんせん》)を輸入 大内《おおうち》・細川《ほそかわ》氏が実権 堺・博多《はかた》商人が繁栄《はんえい》	**朱印状**を持ち，東南アジアに進出→**日本町**の誕生 生糸《きいと》・絹織物《きぬおりもの》を輸入	**長崎**で**オランダ・中国**とだけ貿易 幕府が貿易の利益を独占《どくせん》

テストでは… 朱印船《しゅいんせん》貿易と日本町，鎖国《さこく》の目的と経過，鎖国下の貿易相手国などはつかんでおこう。

2 鎖国の完成 超出る!

(1)鎖国《さこく》へのあゆみ

①**信者の急増**…封建《ほうけん》支配のさまたげ

②1612年，**禁教令**…キリスト教禁止

③1635年，海外渡航と帰国の禁止

④[絵踏《えふみ》]…**キリスト教徒の発見**のため

⑤[島原《しまばら》・天草一揆《あまくさいっき》]…厳しい禁教と重税に百姓《ひゃくしょう》らが反抗《はんこう》

↳1637～38年，天草四郎ら

(2)[鎖国《さこく》]の完成

①1639年，**ポルトガル船**の来航禁止

②1641年，**オランダ商館**を，長崎の**出島**に移す

↳長崎湾内の人工島

(3)**鎖国下の貿易**…**長崎**で[オランダ]・**中国**と貿易，**朝鮮通信使**の来日

キリスト教の布教をしない↲

↳将軍が代わるごとに来日

満点への道 4つの窓

長崎以外に**対馬藩《つしまはん》**を通して**朝鮮《ちょうせん》**と，**薩《さつ》摩《ま》藩**が支配していた**琉球《りゅうきゅう》**を通して**中国**と交流があった。また，**松前藩《まつまえ》**が支配していた**蝦夷地《えぞち》**では，**アイヌの人々が中国東北部と交易**していた。

⇧開かれていた４つの窓

テストの例題チェック

❶ 朱印状を持って東南アジアなどで行った貿易を何という？ （朱印船貿易）

❷ 朱印船貿易で東南アジア各地にできた町は何？ （日本町）

❸ キリスト教徒への迫害《はくがい》や重税に反抗して九州でおこった一揆は何？ （島原・天草一揆）

❹ キリスト教徒を発見するために，マリア像などを踏ませたことを何という？ （絵踏）

❺ 鎖国下で貿易を許されたヨーロッパの国は？ （オランダ）

29 産業と都市の発達

できたらチェック

1 農業と諸産業の発達　超出る!

(1)**農業の発達**

①[米]が経済《けいざい》の基礎《きそ》

②**新田開発**がすすむ→米の生産量増加

③**農業技術**の進歩

・**農具の発明・改良**…[千歯《せんば》こき]・備中《びっちゅう》ぐわ・千石《せんごく》どおし
↳脱穀用　↳土を深く耕す

・**肥料**…堆肥《たいひ》・ほしか・油かす
↳ほしたいわし　↳菜種の油かす

・[商品作物]の栽培《さいばい》…綿《わた》・麻《あさ》，染《せん》料《りょう》に使うあい・紅花《べにばな》，油をとるための菜種《なたね》など
売るためにつくる作物

(2)**鉱業**…重要鉱山を直轄《ちょっかつ》→貨幣《かへい》の鋳造《ちゅうぞう》
↳佐渡金山(新潟県)・石見銀山(島根県)など

(3)**水産業**…魚網《ぎょもう》の発達→いわし漁，かつお漁，塩田を開く(瀬戸内海《せとないかい》)
↳九十九里浜(千葉県)　↳土佐沖(高知県)

知っトク情報　米が経済の基礎

百姓の納める**年貢《ねんぐ》米《まい》**は，商人に売って貨幣《かへい》にかえられ，**藩《はん》の費用**や，**武士の日常の生活費**などにあてられた。

備中ぐわ

千歯こき

2 商業の発達　超出る!

(1)**町人の台頭**

①[株仲間《かぶなかま》]…商工業者の**同業組合**
→税を納めて営業を独占《どくせん》

②[両替商《りょうがえしょう》]…貨幣《かへい》の交換《こうかん》・預金・貸付《かしつけ》，現在の銀行のような仕事
↳東日本は金，西日本は銀が中心

(2)大阪には諸藩《しょはん》の[蔵屋敷《くらやしき》]…年貢米《ねんぐまい》や，特産物を販売《はんばい》

満点への道　貨幣経済《かへいけいざい》

産業や交通の発達で商品の流通が活発になり，商業が発達した。また，近江《おうみ》(滋賀県)や伊勢《いせ》(三重県)の商人が全国を行商して回り，**貨幣経済**が浸透《しんとう》していった。

テスト
では…

農具の発明や改良，商品作物や株仲《かぶなか》間《ま》，三都の特色，陸上や海上交通の発達などは，超重要！

3 都市と交通の発達 超出る!

(1)**都市の発達**…三都の栄え

①[**江戸**]…「**将軍**《しょうぐん》**のおひざもと**」
↳人口100万をこえる(18世紀初め)

②**大阪**…商業がさかん→[**天下の台所**]

③**京都**…朝廷《ちょうてい》，西陣織《にしじんおり》など工芸の町

(2)**商業や交通の発達**…城下町・宿場町・港町・門前町などがにぎわう
↳寺や神社の門前

(3)**交通の整備**

①**五街道**《ごかいどう》…[**東海道**《とうかいどう》]・**奥州道中**《おうしゅうどうちゅう》(街道)・**中山道**《なかせんどう》・**甲州道中**《こうしゅうどうちゅう》(街道)・**日光道中**《にっこうどうちゅう》(街道)

②**関所**…交通の要地

③**海上交通**…東廻《まわ》り航路・[**西廻**《まわ》**り航路**]

⬆都市と交通の発達

知っトク情報
入り鉄砲に出女

幕府は，江戸《えど》に人質としている大名の妻子《さいし》が江戸の外に出ることや，江戸に鉄《てっ》砲《ぽう》をもちこむことをかたく禁止し，関所できびしく調べた。

テストの例題 チェック

❶ 江戸時代の経済の基礎となったものは何か？ （ 米 ）

❷ 土を深く耕すために発明された農具は？ （ 備中ぐわ ）

❸ 江戸時代の商工業者の同業組合を何という？ （ 株仲間 ）

❹ 現在の銀行のような仕事をした商人を何という？ （ 両替商 ）

❺ 「天下の台所」とよばれた都市はどこ？ （ 大阪 ）

❻ 太平洋側を通って江戸と京都を結ぶ街道は？ （ 東海道 ）

❼ 東北地方と大阪を，日本海を通って結ぶ航路を何という？
（ 西廻り航路 ）

30 享保の改革と元禄文化

できたらチェック

1 綱吉・白石の政治

(1)**徳川綱吉《とくがわつなよし》**(5代将軍)の政治
①[朱子学《しゅしがく》]を幕府の学問にする
②貨幣《かへい》の質を落とす→物価上昇《ぶっかじょうしょう》
③極端《きょくたん》な動物愛護《どうぶつあいご》令→[生類憐《しょうるいあわれ》みの令]
(2)**新井白石《あらいはくせき》の政治**…財政《ざいせい》再建に取り組む
↳6・7代将軍に仕える
①貨幣の質をよくする
②**長崎貿易**を制限する

2 享保の改革 超出る!

(1)**開始**…1716年，8代将軍《しょうぐん》[徳川吉宗《よしむね》]
(2)**内容**
①**財政再建**…**新田開発**，年貢《ねんぐ》引き上げ
↳百姓一揆が増える
②質素・倹約《けんやく》，文武奨励《しょうれい》
③[公事方御定書《くじかたおさだめがき》]…裁判《さいばん》の公正化
④[目安箱《めやすばこ》]**の設置**…庶民《しょみん》の意見を聞く
⑤**上米《あげまい》の制**，才能のある武士の登用
↳足高(たしだか)の制
(3)**実学《じつがく》**の奨励《しょうれい》…日常生活に役立つ学問
①漢訳洋書の輸入…蘭学《らんがく》の発達へ
②甘藷《かんしょ》(さつまいも)の栽培《さいばい》の奨励…ききんに備える
(4)**結果**…財政は一時立ち直る→後にききんなどによる百姓一揆《ひゃくしょういっき》や打ちこわし

なぜ? どうして? 長崎貿易制限の理由

新井白石は，**金・銀の海外流出をおさえる**ため，輸入額を制限し，日本からは海産物や工芸品の輸出をすすめた。

用語マスター 公事方御定書

1742年(享保《きょうほう》の改革中)に裁判の基準を定めるために吉宗が出した法令(上下2巻)。下巻は**御《お》定書《さだめがき》百箇条《ひゃっかじょう》**とよばれ，判例などをもとに刑《けい》罰《ばつ》や訴訟《そしょう》に関する内容を規定した。

満点への道 上米の制

上米の制…大名《だいみょう》に，1万石《ごく》につき100石の米を納めさせ，その代わりに参勤交《さんきんこう》代《たい》で江戸《えど》にいる期間を半年に短縮した。

テストでは… 朱子学《しゅしがく》の奨励《しょうれい》，享保《きょうほう》の改革の中心人物と内容，元禄《げんろく》文化の特色や文化遺産《いさん》などについて出ることが多い。

3 元禄文化 超出る!

(1)学問の発達

①幕府が**朱子学**をすすめる

②歴史学，地理学，和算《わさん》などが発達
↳徳川光圀　↳新井白石　↳関孝和

(2)元禄文化…上方の大商人が中心
↳17世紀末～18世紀初め

①**文学・芸能**

・**浮世草子**《うきよぞうし》…**井原西鶴**《いはらさいかく》→『世間胸算用』《せけんむねさんよう》

・**俳諧**《はいかい》…[**松尾芭蕉**《まつおばしょう》]→『奥の細道』
↳俳句

・**人形浄瑠璃**《じょうるり》**台本**…[**近松門左衛門**《ちかまつもんざえもん》]

・**歌舞伎**《かぶき》…市川団十郎《いちかわだんじゅうろう》・坂田藤十郎《さかたとうじゅうろう》

②**美術**

・装飾画《そうしょくが》…**尾形光琳**《おがたこうりん》・俵屋宗達《たわらやそうたつ》

・**浮世絵**《うきよえ》…[**菱川師宣**《ひしかわもろのぶ》]
↳「見返り美人図」

・建築…日光東照宮《にっこうとうしょうぐう》・桂離宮《かつらりきゅう》

満点への道 元禄文化の背景

元禄期は**徳川綱吉**の時代で，武士や町人のくらしが派手《はで》になり，商業が発達して大商人が力をつけていったことから，大商人が多い，大阪・京都など**上方**《かみがた》**が文化の中心**となった。

「見返り美人図」（東京国立博物館）

テストの例題チェック

❶ 徳川綱吉が幕府の学問としたのは何？（朱子学）

❷ 徳川綱吉が出した極端《きょくたん》な動物愛護令は何？（生類憐みの令）

❸ 享保の改革を行った将軍はだれ？（徳川吉宗）

❹ 裁判の公正化をはかるために定められた法令は？（公事方御定書）

❺ 庶民の意見を聞くために設置した投書箱は何？（目安箱）

❻ 俳諧（俳句）を大成した人物はだれ？（松尾芭蕉）

❼ 人形浄瑠璃台本作家として活躍《かつやく》したのはだれ？（近松門左衛門）

❽ 「見返り美人図」をかいた浮世絵の画家はだれ？（菱川師宣）

31 社会の変化と寛政の改革

できたらチェック

1 農村の変化

超出る!

(1)**農村の変化**

①**貨幣経済**《かへいけいざい》の広がり→商品作物の栽培《さいばい》→自給自足がくずれる

②貧富《ひんぷ》の差→地主と小作人に分化

(2)**農村工業の発達**

①**問屋**《とんや》**制家内工業**…問屋商人が資金・原料・道具を貸し，製品を買い取る

②[工場制手工業]…小作人などを作業場に集めて分業と協業で生産

→マニュファクチュアともいう。灘(兵庫県)の酒など

(3)[百姓一揆《ひゃくしょういっき》]…百姓の生活苦→**年貢減免**《ねんぐげんめん》や悪代官交代を要求

→ききんのときに多く発生

(4)[打ちこわし]…**都市の貧民**が，米屋や大商人をおそう

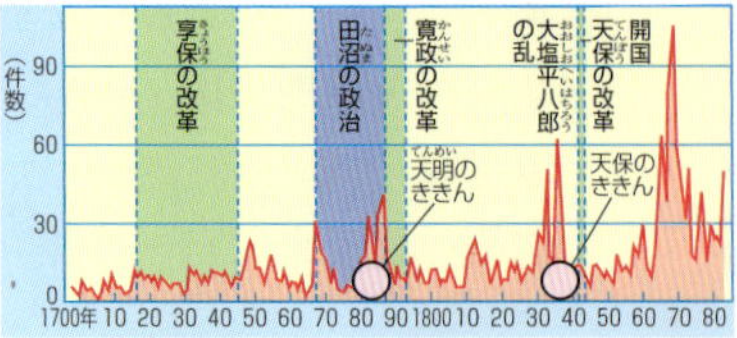

↑百姓一揆の発生件数

> **ミス注意**
> **土一揆と百姓一揆**
> どちらも農民を中心とした領主などへの反抗《はんこう》だが，**室町**《むろまち》**時代**の農民を中心とした一般庶民《いっぱんしょみん》は土民《どみん》とよばれたので，当時の農民一揆を**土**《ど》《つち》**一揆**という。**江戸時代**の百姓がおこしたのは**百姓一揆**である。

2 田沼意次の政治

(1)**経済政策**…大商人の経済力を利用し，財政の再建をめざす

①[株仲間《かぶなかま》]の結成をすすめる

→商工業者の独占的な同業組合

②長崎貿易を拡大→海産物の輸出奨励《しょうれい》

(2)ききんと天災による社会不安で失脚《しっきゃく》

→百姓一揆と打ちこわし

> **ミス注意**
> **百姓一揆と打ちこわし**
> **百姓一揆**は百姓が幕府《ばくふ》や藩《はん》に対しておこしたもの，**打ちこわし**は都市の貧しい人々が米屋や大商人をおそったものである。

テストでは… 農村工業の発達や百姓一揆《いっき》の原因と要求，寛政《かんせい》の改革の中心人物と内容などは重要！　確実にチェックしておこう。

3 寛政の改革　超出る！

(1)**開始**…1787年，老中《ろうじゅう》[**松平定信**《まつだいらさだのぶ》]

(2)**内容**

①田沼意次《たぬまおきつぐ》の政治を改める

②質素・倹約《けんやく》・文武奨励《しょうれい》

③**学問の統制**…幕府の学問所での[**朱子学**《しゅし》]以外の講義を禁止

④**旗本《はたもと》・御家人《ごけにん》救済**…[**借金**]を帳消し

⑤**農村の復興《ふっこう》**…ききんに備え米を貯蔵《ちょぞう》
囲い米の制

⑥**海岸防備**…外国船の来航に備える

(3)**結果**…きびしすぎて6年で失敗

(4)**蝦夷地《えぞち》**…[**アイヌ**]の人々が漁業などに従事→ロシアを警戒《けいかい》して直轄地《ちょっかつち》として開発をはかる
↳津軽藩と南部藩が沿岸を警備

知っトク情報
寛政の改革への評価

庶民《しょみん》は初めは寛政《かんせい》の改革《かいかく》をほめたたえた。しかし，やがてそのきびしすぎる改革に失望し，「**白河《しらかわ》の　清きに魚の　すみかねて　もとの濁《にご》りの　田沼恋しき**」という狂歌《きょうか》を詠《よ》むなど批判《ひはん》するようになった。白河とは白河藩《はん》(福島県)主《しゅ》だった松平定信の政治，田沼は田沼意次の政治を表している。

テストの例題チェック

❶ 小作人などを作業場に集めて生産する工業は？（　工場制手工業　）

❷ 百姓が年貢の減免などを求めて集団でおこしたのは何？（　百姓一揆　）

❸ 都市の貧民が米屋や大商人をおそったできごとを何という？（　打ちこわし　）

❹ 田沼意次が結成をすすめた同業組合は何？（　株仲間　）

❺ 寛政の改革を行った老中はだれ？（　松平定信　）

❻ 旗本・御家人救済のために何を帳消しにしたか？（　借金　）

32 新しい学問と化政文化

できたらチェック

1 教育の普及

(1)教育機関

①幕府《ばくふ》＝昌平坂《しょうへいざか》学問所，藩《はん》＝藩校《はんこう》…朱《しゅ》子《し》学を中心に講義
（朱子学：儒学の一派）

②庶民《しょみん》…[寺子屋《てらこや》]→読み・書き・そろばん

(2)新しい思想…安藤昌益《あんどうしょうえき》など
（安藤昌益：封建社会を批判）

2 国学と蘭学　超出る!

(1)国学《こくがく》

①意味…儒教《じゅきょう》や仏教の影響《えいきょう》を受ける前の日本人の考え方を明らかにする

②[本居宣長《もとおりのりなが》]…『古事記伝《こじきでん》』を著《あらわ》し大成

③影響《えいきょう》…尊王《そんのう》論，攘夷《じょうい》論→幕政批判《ひはん》へ
（攘夷論：外国人を追い払おうとする考え）

(2)蘭学《らんがく》

①意味…西洋の学問や文化を研究
（研究：おもにオランダ語で）

②前野良沢《まえのりょうたく》・[杉田玄白《すぎたげんぱく》]らがオランダ語の医学書翻訳《ほんやく》＝[解体新書《かいたいしんしょ》]
（医学書：人体解剖書）

③シーボルト…ドイツ人医師，鳴《なる》滝塾《たきじゅく》で高野長英《たかのちょうえい》らを育てる
（鳴：長崎）

④その他の自然科学者

・[伊能忠敬《いのうただたか》]…西洋の測量術で，正確な日本全図をつくる

・平賀源内《ひらがげんない》…エレキテル
（エレキテル：摩擦発電器）

なぜ？どうして？ 国学発達の理由

幕府の封建《ほうけん》支配が動揺《どうよう》してくると，それを支えていた**儒学のたよりなさが批判《ひはん》される**ようになり，人々は日本の古典に，**日本人古来の考え方を追求**するようになった。

知っトク情報 正確な伊能図

全国を歩いて測量してつくった**伊能忠敬**の日本地図の**精密さ**は，進んだ技術を持つ西洋人を驚《おどろ》かせたといわれる。

伊能忠敬の日本地図（部分）
（東京国立博物館）

テストでは…

武士や庶民《しょみん》の教育機関，国学《こくがく》と蘭学《らんがく》の内容や代表的な学者，化政《かせい》文化の特色や文化遺産《いさん》などがよく問われる。

3 化政文化 超出る!

(1)**化政《かせい》文化**…**江戸《えど》中心の町人文化**
↳18世紀半ば～19世紀初め

(2)**化政文化の内容**

①**こっけい本**…**十返舎一九《じっぺんしゃいっく》**→『**東海道《とうかいどう》中膝栗毛《ちゅうひざくりげ》**』

②**読本《よみほん》**…［**滝沢馬琴《たきざわばきん》**］→『南総里見八犬伝《なんそうさとみはっけんでん》』

③**俳諧《はいかい》**…［**小林一茶《いっさ》**］・**与謝蕪村《よさぶそん》**

④**狂歌《きょうか》**→大田蜀山人《おおたしょくさんじん》，**川柳《せんりゅう》**→柄井《からい》川柳

⑤**美術**…美人画→**喜多川歌麿《きたがわうたまろ》**，風景画
→［**歌川《うたがわ》(安藤《あんどう》)広重《ひろしげ》**］
↳「東海道五十三次」
・**葛飾北斎《かつしかほくさい》**
↳「富嶽三十六景」
役者絵…**東洲斎写楽《とうしゅうさいしゃらく》**
文人画→渡辺崋山《わたなべかざん》

(3)**民衆の娯楽《ごらく》**…歌舞伎《かぶき》，寄席《よせ》

知っトク情報 浮世絵の影響

日本の**浮世絵《うきよえ》**はヨーロッパの印象派《いんしょうは》の画家たちに大きな影《えい》響《きょう》をあたえた。**ゴッホ**は浮世絵の構図や色彩《しきさい》に魅《み》せられ，歌川広重の絵を数点模《も》写《しゃ》している。また収集もしていた。

⬆風景画　歌川広重
(東京国立博物館)

⬆美人画　喜多川歌麿
(東京国立博物館)

テストの例題 チェック

❶ 庶民の子どもたちの教育機関を何という？ （ 寺子屋 ）
❷ 『古事記伝』を著し，国学を大成した人物はだれ？ （ 本居宣長 ）
❸ 杉田玄白らがオランダ語の人体解剖書《じんたいかいぼうしょ》を翻訳して出版した書物は？ （ 解体新書 ）
❹ 全国を測量し正確な日本地図をつくった人物は？ （ 伊能忠敬 ）
❺ 『東海道中膝栗毛』を著した人物はだれ？ （ 十返舎一九 ）
❻ 「東海道五十三次」をかいた人物はだれ？ （ 歌川(安藤)広重 ）
❼ 「富嶽《ふがく》三十六景」をかいた人物はだれ？ （ 葛飾北斎 ）

33 絶対王政と近代革命

□ できたらチェック

1 絶対王政

(1)**絶対王政**…[国王]が強力な権力で支配
①**時期**…16～18世紀のヨーロッパ
②**絶対王政の特色**
・軍隊や役人の制度を整える
・教会や諸侯《しょこう》の力をおさえる
(2)**イギリスの絶対王政**…[エリザベス]1世のとき全盛→国教会設立，スペインの無敵艦隊《かんたい》を破り海外発展

エリザベス1世(BAL)

(3)**フランスの絶対王政**…[ルイ]14世のとき全盛→ベルサイユ宮殿《きゅうでん》中心の宮廷《きゅうてい》文化
↳太陽王といわれる
(4)その他の国々の絶対王政…ロシア→17世紀末，ドイツ→18世紀半ばに確立

□

2 近代革命

(1)**近代革命**…商工業者などの**市民階級**が[絶対王政]を倒《たお》した革命
↳市民革命ともいう
(2)**時期**…17～18世紀のイギリス・フランスなどでおこる
(3)**意義**…[議会政治]が生まれ，**近代民主政治**が始まる

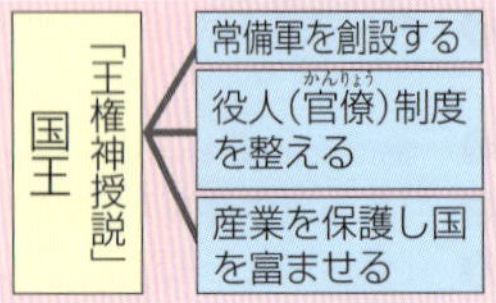

絶対王政のしくみ

知っトク情報
「王権神授説《おうけんしんじゅせつ》」
「王権神授説」は，**国王の権力は神から授《さず》かったもの**で，国王は神にのみ責任を負い，法には拘束《こうそく》されないとするもので，**絶対王政の精神的な支え**となった理論である。

知っトク情報
イギリス国教会
イギリス国王がローマ教会と対立したため，**ローマ教会から独立**してつくった教会である。カトリック(旧教)の教えにプロテスタント(新教)の教えを取り入れて**国教**とした。

テストでは… 絶対王政の意味と人物，近代革命の背景や意味，イギリスの２度の市民革命の内容などは理解しておこう。

3 イギリスの革命 超出る!

(1)**背景**

①市民階級の成長

②国王の専制政治→**議会を無視**し重税

(2)[ピューリタン革命]（1642 ～ 49年）

↳清教徒革命ともいう

①国王と議会の対立→内乱へ

②[クロムウェル]が指導→**議会派勝利**

③**結果…国王処刑《しょけい》**，王政から[共和制]

(3)[名誉《めいよ》革命]（1688年）

↳無血革命なので，こういわれる

①**背景**…王政復古→国王が専制政治

↳1660年

②議会が国王追放→新国王むかえる

↳オランダからむかえる

③[権利章典《けんりしょうてん》]発布→立憲君主制

↳1689年

・国民の自由と権利を保障

・**議会の基礎《きそ》**が固まる

↳こののち，議院内閣制が確立

満点への道
議院内閣制

議会で多数を占《し》める政党が**内閣《ないかく》を組織**し，内閣は**議会に対して責任を負う**しくみ。**責任内閣制**ともいい，18世紀初めに**イギリス**で確立した。

1．議会の同意なしに国王が法律を制定したり，廃止《はいし》したりすることはできない。
2．議会の同意なしに課税することはできない。

↑権利章典（一部）

テストの例題チェック

❶ 国王が強力な権力で行った専制政治を何という？（ 絶対王政 ）

❷ イギリス絶対王政の全盛期を築いた女王は？（ エリザベス1世 ）

❸ 市民階級が絶対王政を倒したできごとを何というか？（ 近代革命 ）

❹ クロムウェルが指導して，議会派が勝利した革命を何という？（ピューリタン革命）

❺ ピューリタン革命で王政から変わった体制は？（ 共和制 ）

❻ 権利章典は何という革命の翌《よく》年に出された？（ 名誉革命 ）

34 アメリカの独立とフランス革命

できたらチェック

1 アメリカの独立 超出る!

(1)**東部13の植民地**…18世紀半ばまでに成立

(2)**イギリスの植民地政策**…植民地を圧迫《あっぱく》
↳本国

①植民地と外国との貿易を制限

②**課税を強化**する→ボストン茶会事件
独立戦争のきっかけとなる↵

(3)**アメリカ**[独立戦争](1775 ～ 83年)

①1775年，[ワシントン]が総司令官

②1776年，[独立宣言《せんげん》]を発表…**自由・平等，圧政への抵抗権《ていこうけん》**を唱える

(4)**アメリカ合衆国憲法**(1787年)…**人民主権**，[三権分立]，連邦《れんぽう》共和制，大統領制→初代大統領ワシントン

知っトク情報
植民地の成立

イギリスで国王の圧迫を受けたピューリタンたちが，1620年メイフラワー号で北アメリカにわたり，東部に13の植民地をつくった。

われわれは，自明の真理として，すべての人々は平等につくられ，創造主《そうぞうしゅ》によって一定の奪《うば》いがたい生まれながらの権利をあたえられ，その中に，生命・自由および幸福の追求がふくまれていることを信ずる。

↑独立宣言(一部)

2 啓蒙思想の広がり

(1)啓蒙《けいもう》思想…18世紀ごろ，**絶対王政を批判《ひはん》**し，人間の解放をめざす思想

(2)思想家

①[モンテスキュー]…『法の精神』→**三権分立**を主張

②[ルソー]…『社会契約《けいやく》論』→人民主権

(3)アメリカの独立，フランス革命に影響《えいきょう》

知っトク情報
ジョン=ロックの社会契約説

イギリスの哲学者・思想家。『市民政府二論』を著《あらわ》した。**人間の自由と平等の権利を侵《おか》す政府に対しては抵抗権《ていこうけん》がある**と主張し，**アメリカの独立**に影響をあたえた。

テストでは… アメリカ独立戦争やフランス革命の背景・影響《えいきょう》，おもな啓《けい》蒙《もう》思想家などをチェックしておこう。

3 フランス革命 超出る!

(1)**革命前のフランス**

①**身分**…国王・聖職者《せいしょくしゃ》・貴族《きぞく》・平民
↳特権を持つ

②**市民階級**…絶対王政に苦しむ

(2)［**フランス革命**］

①**おこり**…ルイ16世が**国民議会**を弾圧《だんあつ》
↳平民が結成

②1789年，パリ市民が**バスチーユ牢獄《ろうごく》**をおそい口火を切る
↳政治犯が収容されていた

③国民議会が［**人権宣言《じんけんせんげん》**］を発表→**自由・平等・国民主権**などを宣言

④ルイ16世を処刑《しょけい》→**共和制の成立**

(3)**革命後のフランス**…［**ナポレオン**］が**帝政《ていせい》**を行う→ヨーロッパの大部分を征服《せいふく》→革命の思想を広める

満点への道
フランス革命のころの日本

フランス革命がおこった1789年のころ，日本では，老《ろう》中《じゅう》，松平定信《まつだいらさだのぶ》が寛政《かんせい》の改革(1787～93年)を行っている最中だった。

第1条　人は生まれながらにして自由・平等の権利をもっている。
第3条　あらゆる主権の源《みなもと》は，本来国民の中にある。（主権は国民にある）

⬆人権宣言(一部)

テストの例題チェック

❶ アメリカ独立戦争で植民地軍の総司令官となった人物はだれ？
（ ワシントン ）

❷ アメリカ独立戦争で出された宣言を何という？（ 独立宣言 ）

❸ 「法の精神」で三権分立を唱えた人物はだれ？（ モンテスキュー ）

❹ パリ市民がバスチーユ牢獄をおそったことがきっかけとなっておこった革命を何という？（ フランス革命 ）

❺ フランス革命のときに出された宣言は何？（ 人権宣言 ）

❻ フランス革命ののちに帝政を行った人物は？（ ナポレオン ）

35 産業革命と欧米諸国の発展

□ できたらチェック

1 産業革命 超出る!

(1)意味…技術の向上による工業化で，社会や経済《けいざい》のしくみが大きく変化したこと→手工業から**工場制機械工業**へ

(2)18世紀後半，[イギリス]で始まる
└綿工業から

(3)**機械の発明**

①紡績機《ぼうせきき》・織機《しょっき》などの発明があいつぐ

②[ワット]が**蒸気《じょうき》機関**を改良

(4)**進展**

①**軽工業**から[重工業]の発展へ

②汽船・蒸気機関車の発明

(5)広がり…イギリスは「**世界の工場**」→19世紀にヨーロッパ諸国へ

なぜ? どうして?
イギリスで始まった理由

産業革命前のイギリスには，**豊かな資本，広い市場，豊富な地下資源**があり，**近代市民社会**が成立し，経済活動が自由で活発だった。

初期の蒸気機関車 (SSPL)

□

2 資本主義の社会

(1)**資本主義社会の成立**

①工業都市→農民らが工場労働者に

②[資本家]と**労働者**が誕生《たんじょう》

(2)**社会問題の発生**

①資本主義の発達→貧富《ひんぷ》の差→労働問題などが発生

②アダム=スミス…自由競争を主張
└『諸国民の富(国富論)』を著す

③[マルクス]…**社会主義**思想
└資本主義を批判

知っトク情報
社会問題の発生

資本主義社会がすすむにつれて，**低賃金**や**長時間労働**，失業者の増加，貧富の差の拡大，貧民街の発生，無計画な生産による**周期的な不景気**など，さまざまな社会問題がおこった。

テストでは… 産業革命の背景やおこった国の状況《じょうきょう》，資本主義社会と社会主義思想，南北戦争などの出題が多い。

3 欧米諸国の発展

(1)イギリスの動き

①**選挙法改正**…労働者が選挙権獲得《かくとく》（19世紀後半）

②19世紀後半，**議会政治**が発達（二大政党政治）

(2)フランスの動き

①七月革命→二月革命→第二共和政へ

②[**普通《ふつう》選挙**]**制**…**成人男子に選挙権**（世界で初めて）

(3)1871年，**ドイツ帝国**成立（ビスマルクが指導）

(4)アメリカの動き

①南部と北部が対立

②1861年，[**南北戦争**]開戦→大統領の[**リンカーン**]が**奴隷《どれい》解放宣言**

③北部の勝利→国民的統一が固まり，資本主義大国として急成長

満点への道
南部と北部の対立

アメリカの**南部**は綿花栽培《さいばい》が中心でその労働に**奴隷《どれい》**を使い，**自由貿易・地方分権**を主張し，**北部**は**商工業が発達**していて奴隷の必要がなく，**保護貿易・中央集権**を主張しはげしく対立していた。

↑リンカーン　（憲政記念館）

テストの例題 チェック

❶ 18世紀後半に産業革命が始まった国はどこか？（ イギリス ）

❷ 蒸気機関を改良した人物はだれか？（ ワット ）

❸ 資本主義社会で発生した２つの階級は，資本家と何か？（ 労働者 ）

❹ 社会主義思想を唱えたドイツの学者はだれか？（ マルクス ）

❺ フランスの普通選挙制の成立で選挙権をあたえられたのは，どのような人々か？（ 成人男子 ）

❻ アメリカの南北戦争のときの大統領はだれか？（ リンカーン ）

36 欧米諸国のアジア侵略

□ できたらチェック

1 アヘン戦争と太平天国 超出る!

(1)イギリスのアジア貿易…清《しん》・インドとの間で三角貿易

(2)[アヘン戦争](1840 ～ 42年)

①原因…清がアヘンの密輸入を禁止し，イギリス商人から没収《ぼっしゅう》→開戦

↳ケシの実からつくられる麻薬

②結果…イギリスが清を破る

(3)清に不利な[南京《ナンキン》条約]を結ぶ

①[香港《ホンコン》]をゆずり，５港を開く

②領事裁判権《りょうじさいばんけん》認め，関税自主権がない

③多額の賠償金《ばいしょうきん》を支払《しはら》う

(4)太平天国《たいへいてんごく》(1851～64年)

①[洪秀全《ホンシュウチュワン》《こうしゅうぜん》]が農民を率いて反乱，建国

②キリスト教の平等思想

↳貧富の差のない理想社会をめざす

③清を倒し，漢民族の再興をはかる

満点への道 三角貿易

イギリスがインド産のアヘンを清に密輸出したため，清の銀がインドを経由してイギリスに流出した。

アヘン戦争と太平天国

□

2 東南アジアの植民地化

(1)イギリス…マレー半島，ビルマに進出

(2)[フランス]…インドシナに進出→19世紀末，フランス領インドシナ連邦《れんぽう》

↳ベトナム・カンボジアなど

(3)オランダ…[インドネシア]に進出

知っトク情報 香港

南京条約でイギリス領となった香港はその後大きく発展し，1997年に中国に返還《へんかん》された。

テストでは… アヘン戦争の原因と結果，太平天国《たいへいてんごく》の成立，イギリスのインド支配の目的などについて覚えておこう。

3 インドの植民地化 超出る!

(1)**インド**

①**ムガル帝国《ていこく》**が栄える
↳1526～1858年

②綿織物を世界各地に輸出

(2)**イギリスのインド支配**

①[東インド会社]を設立して進出→18世紀後半から**植民地化**

②イギリスの**綿織物**流入→インドの[綿工業]が大打撃《だげき》

(3)**インドの大反乱**(1857～59年)
↳セポイの反乱ともいう

①イギリスへの反感が高まる

②[ムガル帝国]が滅《ほろ》ぼされる

③結果…1877年，イギリス領[インド帝国]成立
↳イギリスのビクトリア女王が皇帝をかねる

知っトク情報 インド帝国

インド帝国の成立でインドは完全にイギリスの植民地となり，イギリスは**原料供給地**と**市場《しじょう》**を確保することになった。

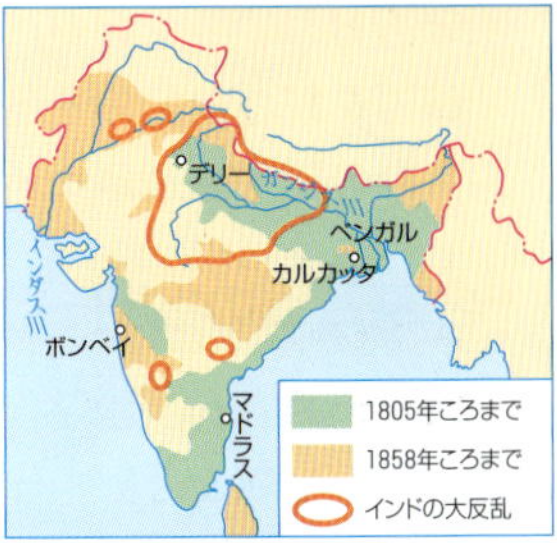

イギリスのインド支配の進行

テストの例題チェック

❶ イギリスの清へのアヘンの密輸出が原因でおこった戦争は？ （ アヘン戦争 ）

❷ アヘン戦争の講和条約を何という？ （ 南京条約 ）

❸ 洪秀全が農民を率いて建設した国を何という？ （ 太平天国 ）

❹ インドシナに進出した国はどこ？ （ フランス ）

❺ イギリスがインド支配のためにつくった会社を何という？ （ 東インド会社 ）

❻ インドの大反乱の中で滅ぼされた帝国は？ （ ムガル帝国 ）

37 幕府政治のくずれ

できたらチェック

1 外国船の来航

(1)**ロシア船の来航**…根室《ねむろ》に**ラクスマン**，長崎にレザノフ→通商要求

(2)**幕府《ばくふ》の対策**…[**鎖国《さこく》**]を理由に拒否《きょひ》

→近藤重蔵《こんどうじゅうぞう》·**間宮林蔵《まみやりんぞう》**らが北方探検

蝦夷地・樺太・千島

(3)**フェートン号事件**

(4)幕府は[**異国船打払令《うちはらいれい》**]を出して

1825年，外国船打払令ともいう

鎖国を続け，沿岸を警備《けいび》する

(5)**蛮社《ばんしゃ》の獄《ごく》**…**渡辺崋山《わたなべかざん》**・[**高野長英《たかのちょうえい》**]処罰《しょばつ》

蘭学者のグループ

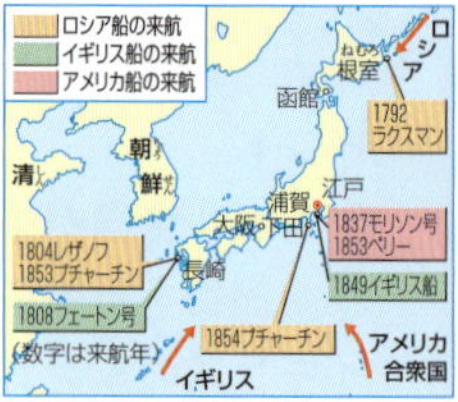

外国船の来航

知っトク情報

フェートン号事件

1808年，イギリス**軍艦《ぐんかん》フェートン号**がオランダ国旗をかかげて長崎港内に不法侵入し，オランダ商館員を人質に食料・水などを強要した事件。この事件をきっかけに幕府は海防を強化し，**異(外)国船打払令**を定めた。

2 幕政への批判

(1)背景…ききん，国学《こくがく》・蘭学《らんがく》の発達，外国船の来航など

(2)[**尊王攘夷《そんのうじょうい》**]**運動**…天皇《てんのう》を敬《うやま》い外国人を撃退《げきたい》しようとする幕府に反対する動き

比較 享保の改革·寛政の改革·天保の改革

享保《きょうほう》の改革 **徳川吉宗《とくがわよしむね》**	1716 〜45年	**幕藩体制の再建**	新田開発・**公事方御定書《くじかたおさだめがき》**・**目安箱《めやすばこ》**設置	一応成功
寛政《かんせい》の改革 **松平定信《まつだいらさだのぶ》**	1787 〜93年		**朱子《しゅし》学以外の講義禁止** **旗本《はたもと》・御家人《ごけにん》の借金帳消し**	反感かい失敗
天保《てんぽう》の改革 **水野忠邦《みずのただくに》**	1841 〜43年		**株仲間《かぶなかま》の解散**・上知《あげち》(地)令	2年で失敗

テストでは… 外国船の来航と幕府《ばくふ》の対応，幕政批判の高まり，天保《てんぽう》の改革の背景や内容などについてはよく出題される。

3 天保の改革　超出る!

(1)[大塩平八郎《おおしおへいはちろう》の乱](1837年)
↳もと幕府の役人

①目的…ききんで苦しむ貧民救済《きゅうさい》

②大阪で乱をおこす→幕府に衝撃《しょうげき》
↳幕府の直轄地

③1日で平定→のち，各地で一揆《いっき》

(2)**天保《てんぽう》の改革**…**老中《ろうじゅう》**[水野忠邦《みずのただくに》](1841年)

①倹約《けんやく》を命じ，出版や風俗《ふうぞく》を統制

②物価引き下げ→[株仲間《かぶなかま》]**を解散**
↳商工業者の同業組合，営業を独占

③人返し令・上知《あげち》(地)令

④結果…約2年で失敗

(3)**諸藩《しょはん》の改革**

①多くの藩が深刻《しんこく》な財政難《ざいせいなん》

②**薩摩《さつま》藩**・**長州《ちょうしゅう》藩**…財政再建，専売制
↳鹿児島県　↳山口県　↳さとうなど

③**結果**…幕末の**倒幕《とうばく》運動の中心へ**

満点への道
人返し令・上知(地)令

人返し令…農村を立て直し，農村の労働力を確保するために，百姓《ひゃくしょう》の都市への出かせぎを禁止した。また，江戸に出てきた百姓を農村に帰し，農業にはげませた。

上知(地)令…江戸・大阪周辺の大名《だいみょう》領や旗本《はたもと》領を幕府の直轄《ちょっかつ》地《ち》にしようとしたが，関係する大名・旗本・百姓らの強い反対にあって失敗した。

テストの例題チェック

❶ 1792年，根室に来航したロシアの使節はだれ？（ ラクスマン ）

❷ 外国船撃退《げきたい》のために幕府が出した法令は何？（異(外)国船打払令）

❸ 天皇を敬い，外国人を撃退しようとする運動を何という？（ 尊王攘夷運動 ）

❹ 貧民救済のために大阪で乱をおこした人物は？（ 大塩平八郎 ）

❺ 天保の改革の中心人物はだれ？（ 水野忠邦 ）

❻ 天保の改革では，物価の引き下げを目的に何を解散させたか？（ 株仲間 ）

38 開　国

□ できたらチェック

1 日本の開国 超出る!

(1)[ペリー]の来航

①1853年, 浦賀《うらが》（↳神奈川県）に来航→開国要求

②幕府…朝廷に報告, 大名らに意見を聞く→朝廷《ちょうてい》・大名の発言権が強まる

(2)1854年, [日米和親条約《にちべいわしんじょうやく》]を結ぶ→下田（↳静岡県）・[函館《はこだて》]（↳北海道）の2港開港

(3)1858年, [日米修好通商条約《しゅうこうつうしょう》]

①大老[井伊直弼《いいなおすけ》]が, ハリス（↳アメリカ総領事）と結ぶ

②5港開港（↳下田は閉鎖）…函館・神奈川（↳横浜）・[長崎]・新潟・兵庫（↳神戸）

③不平等条約…[領事裁判権《りょうじさいばんけん》]をアメリカに認め, 日本に関税自主権がない

④オランダ・ロシア・イギリス・フランスとも同様の条約を結ぶ→200年余り続いた[鎖国《さこく》]が終わる

なぜ? どうして? ペリー来航の理由

アメリカは, 清との貿易や北太平洋で活動する捕鯨《ほげい》船のために, 日本に寄港することのできる港が欲《ほ》しかった。

満点への道 不平等条約の内容

領事裁判権を認める…日本で罪《つみ》を犯《おか》した外国人を, 日本の法律で裁《さば》くことができない。治外法権《ちがいほうけん》ともいう。

関税自主権がない…貿易品にかける関税率を, 日本が自主的に決める権利がない。

↑黒船を警戒する武士たち　（東京大学史料編纂所）

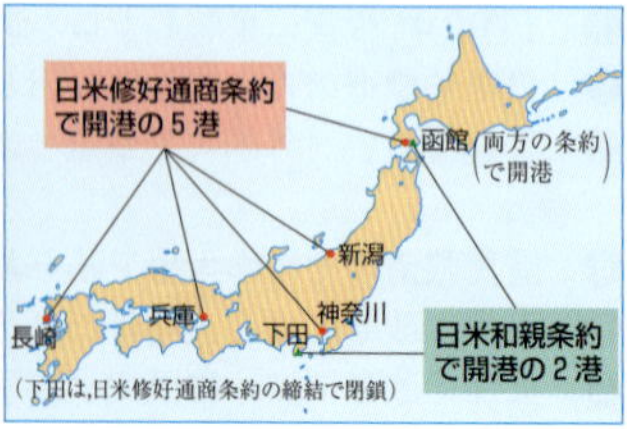

↑2つの条約による開港地

テストでは… 幕末《ばくまつ》の２つの条約の開港地や不平等な内容，開国後の社会への影響《えいきょう》などをしっかりつかんでおこう。

2 開国の影響　超 出る!

(1)[**安政《あんせい》の大獄《たいごく》**](1858 ～ 59年)

①通商条約に対する批判が高まる

②大老**井伊直弼**…幕府の政策に反対の大名《だいみょう》・公家《くげ》を処罰《しょばつ》，**吉田松陰《よしだしょういん》**らを処刑《しょけい》

(2)**桜田門外《さくらだもんがい》の変《へん》**(1860年)

◇**安政の大獄**に反発した水戸藩《みとはん》の浪士《ろうし》らが，**井伊直弼を暗殺《あんさつ》**

（水戸藩→茨城県）

(3)**貿易の開始**

①**輸入品**…毛織物・綿織物・武器

②輸出品…生糸《きいと》・茶

③[**物価上昇《じょうしょう》**]…商人の買い占《し》めと，幕府の貨幣改鋳《かへいかいちゅう》→生活苦がすすみ社会不安が広がる

（貨幣改鋳→金の流出を防ぐため，金の含有率を低くした）

知っトク情報　吉田松陰

長州藩《ちょうしゅうはん》出身(山口県)。**松下村塾《しょうかそんじゅく》**を開き，倒幕運動《とうばくうんどう》で活躍《かつやく》した木戸孝允《きどたかよし》・高杉《たかすぎ》晋作《しんさく》らを育てた。幕府政治を批判したため，**安政の大獄**で処刑された。

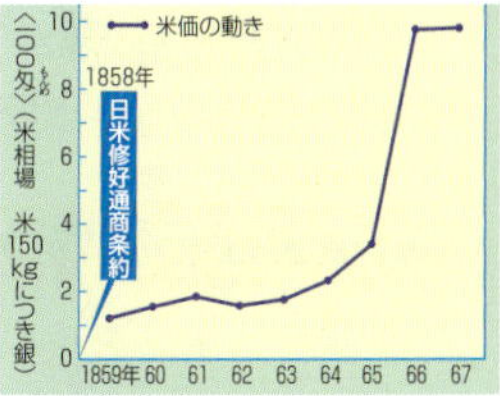

↑米価の移り変わり

テストの例題チェック

❶ 日米和親条約を結んだアメリカの使節はだれ？ (ペリー)

❷ 日米和親条約で開かれた港は下田とどこ？ (函館)

❸ 日米修好通商条約で日本になかった，貿易に関する権利は何？ (関税自主権)

❹ 日米修好通商条約で開かれた港のうち，九州地方にあった港は？ (長崎)

❺ 安政の大獄で処刑された長州藩出身の人物はだれ？ (吉田松陰)

❻ 桜田門外で暗殺された幕府《ばくふ》の大老はだれ？ (井伊直弼)

39 江戸幕府の滅亡

できたらチェック

1 薩摩藩と長州藩の動き

(1)[尊王攘夷《そんのうじょうい》]運動が高まる

(2)**薩摩藩《さつまはん》**

①薩摩藩士がイギリス人を殺傷《さっしょう》
↳生麦事件(1862年)

②翌年イギリスの報復を受ける
…[薩英戦争《さつえい》]→鹿児島を砲撃《ほうげき》
↳1863年

(3)**長州藩《ちょうしゅうはん》**

①**下関海峡《しものせきかいきょう》**を通る外国船を砲撃
↳関門海峡

②**四か国連合艦隊《かんたい》**が下関砲台《ほうだい》を占領《せんりょう》
↳アメリカ・イギリス・フランス・オランダ

(4)薩摩・長州両藩は**攘夷の不可能**を知る

年代	薩摩藩	長州藩	幕府
1862年	生麦《なまむぎ》事件		公武合体《こうぶがったい》政策 和宮《かずのみや》の降嫁《こうか》
1863	↓ 薩英《さつえい》戦争	外国船砲撃	
1864		↓ 四か国連合艦隊下関を攻撃	←第1次長州出兵=成功
1865	・中・下級武士が実権にぎる ・イギリスに接近		・フランスが支持
1866	薩長同盟の成立 （坂本龍馬ら仲介）		←第2次長州出兵=失敗

薩摩藩・長州藩・幕府の動き

2 攘夷から倒幕へ

(1)幕府が長州藩を攻撃《こうげき》→長州藩降伏《こうふく》

(2)薩摩藩・長州藩…下級武士が中心となり，攘夷から倒幕《とうばく》へすすむ

①**薩摩藩**…[西郷隆盛《さいごうたかもり》]，**大久保利通《おおくぼとしみち》**

②**長州藩**…[木戸孝允《きどたかよし》]，**高杉晋作《たかすぎしんさく》**ら

③イギリスに接近…兵器・艦船《かんせん》購入

(3)[薩長同盟《さっちょうどうめい》](1866年)…薩摩藩と長州藩が**坂本龍馬《さかもとりょうま》**の仲立ちで軍事同盟→幕府を倒し，天皇《てんのう》中心の政権をめざす
↳土佐藩(高知県)

(4)ふたたび幕府が長州藩を攻撃→失敗→倒幕の動きがさらに強まる

知っトク情報 フランスの動き

攘夷が不可能だと知った**薩摩藩・長州藩がイギリスに接近**して倒幕運動を進めようとすると，イギリスを出しぬいて市《し》場《じょう》を広げようとしていた**フランス**は，**幕府に接近**し，幕府を援助《えんじょ》して貿易の独占《どくせん》をはかろうとした。このため，幕府の第2次長州出兵にも多額の資金を貸す約束をしていた。

テストでは…

尊王攘夷《そんのうじょうい》運動から倒幕《とうばく》の動き，江戸幕府滅亡《えどばくふめつぼう》までの経過や戊辰《ぼしん》戦争などがよく出題される。

3 江戸幕府の滅亡 超出る!

(1)**民衆の動き**…**世直し**への期待→**ええじゃないか**のさわぎ，一揆《いっき》・打ちこわし

（ええじゃないか：集団で踊り歩く騒ぎ）

(2)**江戸《えど》幕府の滅亡《めつぼう》**

①1867年10月，15代将軍《しょうぐん》[徳川慶喜《とくがわよしのぶ》]が朝廷《ちょうてい》に政権を返上＝[大政奉還《たいせいほうかん》]

②1867年12月，[王政復古《おうせいふっこ》の大号令《だいごうれい》]…**天皇中心の政治**にもどること，**幕府の廃止《はいし》**を宣言《せんげん》

③260年以上続いた**江戸幕府の滅亡**，**武家政治の終わり**

（武家政治の終わり：鎌倉幕府以来，約700年）

(3)[戊辰《ぼしん》戦争]（1868～69年）

①旧幕府側が新政府に反抗《はんこう》

②新政府軍が勝利→**全国を統一**

知っトク情報 徳川慶喜の誤算

徳川慶喜は**大政奉還**の後，幕府の力を温存《おんぞん》したまま，新政府の中で中心的な役割をはたそうとしたが，王政復古の大号令で失敗に終わった。

戊辰戦争の展開

テストの例題チェック

❶ イギリスが生麦事件の報復でおこした戦争は？（ 薩英戦争 ）

❷ 薩摩藩の中心となったのは大久保利通とだれ？（ 西郷隆盛 ）

❸ 坂本龍馬らの仲介で薩摩藩と長州藩が結んだ軍事同盟を何という？（ 薩長同盟 ）

❹ 幕府が朝廷に政権を返上したできごとは何？（ 大政奉還 ）

❺ 大政奉還を行った江戸幕府最後の将軍はだれ？（ 徳川慶喜 ）

❻ 朝廷が政治を行うことを宣言したものは何？（王政復古の大号令）

❼ 旧幕府軍と新政府軍の戦いを何という？（ 戊辰戦争 ）

40 明治維新

できたらチェック

□ 1 新政府の成立 超出る!

(1)[五箇条《ごかじょう》の御誓文《ごせいもん》]…1868年，明治新政府が示した**政治の基本方針《ほうしん》**

(2)**五榜《ごぼう》の掲示《けいじ》**…民衆の守るべきことを5枚の立て札で示す

(3)年号を[明治]とする…一世一元の制

(4)**東京遷都《せんと》**…江戸を[東京]と改称《かいしょう》
↳新しい首都

一、広ク会議ヲ興《おこ》シ万《ばん》機《き》公論《こうろん》ニ決スヘ《べ》シ
一、上下《しょうか》心ヲ一《いつ》ニシテ盛《さかん》ニ経綸《けいりん》ヲ行フ《う》ヘ《べ》シ
一、智識《ちしき》ヲ世界ニ求メ大《おおい》ニ皇基《こうき》ヲ振起《しんき》スヘ《べ》シ

↑五箇条の御誓文(一部)

満点への道 五榜の掲示

五箇条の御誓文と同時に，一般《いっぱん》の人々が守るべきことがらとして示された。殺人・放火・盗《ぬす》みの禁止，キリスト教の禁止など，江戸《えど》時代とあまり変わらない**封《ほう》建《けん》的な内容**だった。

□ 2 中央集権国家の成立 超出る!

(1)**版籍奉還《はんせきほうかん》**…1869年，藩主が**土地**と**人民**を天皇《てんのう》に返す→藩政は引き続き藩主が
（土地↳版図・領地　人民↳戸籍・領民　藩主↳知藩事となる）

(2)[廃藩置県《はいはんちけん》](1871年)

①藩を廃止《はいし》して，府と県を置く

②中央から**府知事**・[県令《けんれい》]を派遣《はけん》

③**意義**…**中央集権国家の基礎《きそ》**が固まる

(3)**四民平等**

①江戸時代の身分制度を廃止

②**新しい身分制度**…**皇族《こうぞく》**・**華《か》族**・[士族《しぞく》]・**平民**→皇族以外は平等
（皇族↳天皇の一族　華族↳もとの公家・大名　士族↳武士　平民↳百姓・町人）

③[解放令《かいほうれい》](1871年)…えた・ひにんを**平民**に→実際は，差別が続く

④平民の名字・職業・居住・結婚《けっこん》などが自由になる

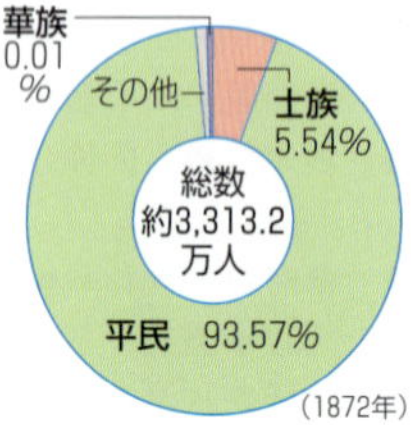

↑華族・士族・平民の割合

テストでは… 明治新政府の基本方針と中央集権国家への歩み，清《しん》や朝鮮《ちょうせん》との外交などについてしっかりつかんでおこう。

3 新政府の外交

(1)**岩倉《いわくら》使節団の欧米《おうべい》派遣《はけん》**(1871年)
↳全権大使は岩倉具視
　①目的…不平等条約改正の下交渉《したこうしょう》など
　②欧米諸国《しょこく》は改正をこばむ
　↳日本がまだ近代国家ではないという理由で
　③**結果**…政治制度の整備→近代化へ
(2)**清《しん》との国交**…1871年，**日清修好条規《にっしんしゅうこうじょうき》**
↳日本と清が対等
(3)**朝鮮《ちょうせん》との国交**
　①[**征韓《せいかん》論**]…朝鮮を武力で開国
　②[**江華島《カンファド》《こうかとう》事件**]→**日朝《にっちょう》修好条規**
　1876年，朝鮮にとって不平等↲
(4)**領土の画定**
　①[**樺太《からふと》・千島交換《ちしまこうかん》条約**]…樺太
　↳1875年　サハリン↲
　をロシア領，千島列島を日本領
　②小笠原《おがさわら》諸島…領有を宣言する
　③琉球処分《りゅうきゅうしょぶん》…**琉球を沖縄県《おきなわけん》**とする

知っトク情報　江華島事件

1875年，日本が朝鮮沿岸を無断で測量したため朝鮮に砲《ほう》撃《げき》された事件。これをきっかけに日本は朝鮮に不平等な日朝修好条規を結ばせた。

⬆領土の画定

テストの例題チェック

❶ 明治新政府の政治の基本方針を何という？　（五箇条の御誓文）
❷ 藩を廃止して県を置いた政策を何という？　（廃藩置県）
❸ 四民平等で，もとの武士は何とよばれるようになったか？　（士族）
❹ えた・ひにんを平民とした法律を何というか？　（解放令）
❺ 不平等条約改正の下交渉に派遣された使節団の全権大使はだれか？　（岩倉具視）
❻ 日朝修好条規を結ぶきっかけとなった事件は？　（江華島事件）

41 富国強兵と殖産興業

□できたらチェック

1 富国強兵 超出る!

(1)意味…経済《けいざい》を発展《はってん》させて国力を向上させ，強力な軍隊を整備する

(2)[学制《がくせい》]の公布(1872年)

①**近代的な学校制度**の基本を定める

②**学制反対一揆《いっき》**がおこる

(3)[地租改正《ちそかいせい》]**の実施《じっし》**(1873年から)

①**地券《ちけん》**…土地の所有者(地主)へ発行
↳所有者・面積・地価などを記す

②土地所有者に**地価**の[3%]を[現金]で納めさせる→収穫量《しゅうかく》によらず一定
↳土地のねだん

③結果…**政府の税収入が安定→地租改《ちそかい》正《せい》反対一揆**→地租2.5%に引き下げ

(4)[徴兵令《ちょうへいれい》]が出される(1873年)

①[満20歳《さい》]**以上の男子**に兵役《へいえき》の義務

②西洋式常備軍の誕生《たんじょう》→近代的な軍隊制度が整う→不平士族の反乱を鎮圧《ちんあつ》
↳西南戦争など

③**徴兵令反対一揆**おこる

なぜ? どうして? 反対一揆がおこった理由

学制反対一揆…6歳以上の男女が小学校教育を受けることとしたため，農家などは**働き手をとられる**ことや，**授業料《じゅぎょうりょう》がたいへん高い**ことに反発した。

地租改正反対一揆…改正前にくらべて，**農民の負担《ふたん》が減らなかった。**

徴兵令反対一揆…農民は一家の**労働力を奪《うば》われる**として，士《し》族《ぞく》は**旧武士の特権を奪う**ものとして反対一揆をおこした。

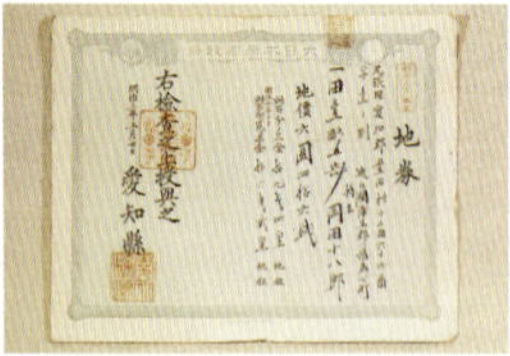

↑地券

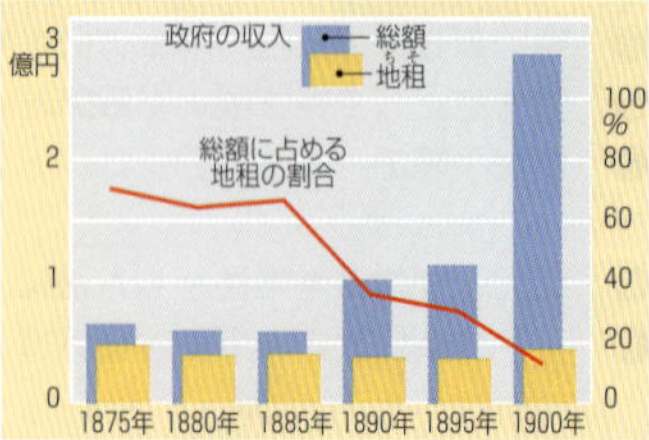

↑政府の収入の移り変わり

テストでは… 学制，地租改正《ちそかいせい》，徴兵令《ちょうへいれい》の内容や影響《えいきょう》，殖産興業《しょくさんこうぎょう》の目的や内容，文明開化の内容などがよく問われる。

2 殖産興業

(1)**貨幣《かへい》制度**…円・銭《せん》・厘《りん》を単位とする
↳10進法を取り入れる
(2)**通信**…電信開通，**郵便《ゆうびん》制度**
(3)**鉄道**…新橋《しんばし》－横浜《よこはま》間に初めて開通
(4)[官営模範《もはん》工場]…**富岡《とみおか》製糸場**など
↳群馬県
(5)**北海道**…札幌《さっぽろ》に開拓使→**屯田兵《とんでんへい》**派遣《はけん》，
のちの北海道庁↲ ↳北海道の開拓と警備
アイヌの人々を圧迫《あっぱく》
↳土地や漁場を奪われた

3 文明開化

超 出る!

(1)意味…欧米《おうべい》文化の普及《ふきゅう》で生活が変化
横浜などの開港地・東京などの大都市中心↲
(2)内容…れんが造りの建物，ガス灯，人力車，洋服や肉食の普及，[太陽暦《たいようれき》]など
(3)**近代思想の紹介《しょうかい》**…[福沢諭吉《ふくざわゆきち》]→**『学問のすゝ《す》め』**，中江兆民《なかえちょうみん》ら
↳ルソーの思想を紹介『民約訳解』

満点への道 官営模範工場

政府が直接経営した工場を**官営模範工場**という。政府は国を富ませるために**生《き》糸《いと》・綿織物《めんおりもの》**などの工場を建設して輸出を行い，軍備を充実《じゅうじつ》させるために**軍事工業**に力を入れ，製鉄所や鉱山などを経営した。

↑明治時代中ごろの銀座通り

テストの例題チェック

❶ 近代的な学校制度の基本を定めた法律は何？ （ 学制 ）
❷ 土地所有者に地価の３％を現金で納めさせた政策を何という？ （ 地租改正 ）
❸ 満20歳以上の男子に兵役の義務を負わせた法律は? （ 徴兵令 ）
❹ 政府が直接経営した工場を何という？ （ 官営模範工場 ）
❺ 官営模範工場で群馬県に建設された工場は？ （ 富岡製糸場 ）
❻ 日本の暦《こよみ》は太陰暦《たいいんれき》から何に変わった？ （ 太陽暦 ）
❼ 『学問のすゝめ』を著《あらわ》した人物はだれ？ （ 福沢諭吉 ）

42 立憲政治の始まり

□ できたらチェック

1 士族の反乱

(1)士族《しぞく》の不満…特権を奪《うば》われ，俸《ほう》禄《ろく》も廃止《はいし》→各地で反乱をおこす

(2)[西南《せいなん》戦争](1877年)

①[西郷隆盛《さいごうたかもり》]を中心に鹿児島の不平士族がおこす→敗れる
↳徴兵制による新しい軍隊が鎮圧

②影響《えいきょう》…武力反抗《はんこう》から言論批判《ひはん》へ

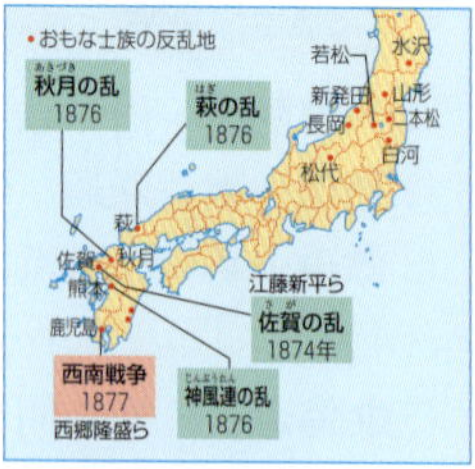

↑おもな士族の反乱地

□

2 自由民権運動 超 出る!

(1)意味…藩閥《はんばつ》政治に反対，[国会]を開き国民を政治に参加させよという運動
↳薩摩藩・長州藩などの出身者の専制的な政治

(2)おこり…[板垣退助《いたがきたいすけ》]らが民撰《みんせん》(選)議《ぎ》院《いん》設立の建白書《けんぱくしょ》を提出《ていしゅつ》→運動の口火
↳国会
↳意見書

(3)運動の展開

①立志社《りっししゃ》→[国会期成同盟《きせいどうめい》]へ
↳高知県で誕生　↳国会開設を求める

②1881年，開拓使官有物払《はら》い下げ事件→民権派による藩閥政治批判

③国会開設の勅諭《ちょくゆ》…10年後の国会開設を約束
↳1881年　↳1890年

④政党…板垣退助ら→[自由党]，[大隈重信《おおくましげのぶ》]ら→立憲改進党《りっけんかいしん》
↳1881年
↳1882年

(4)運動の激化…自由党員らが福島事件，秩父《ちちぶ》事件など→政府の弾圧《だんあつ》
↳埼玉県

満点への道

開拓使官有物払い下げ事件

開拓使が北海道開拓のための施設《しせつ》を，長官と同郷《どうきょう》の商人に安く払い下げようとした事件。世論の強い反対で取りやめたが，民権派は激しい政府批判《ひはん》をくりひろげた。

↑自由民権運動の演説会
(東京大学法学部明治新聞雑誌文庫)

テストでは… 西南戦争と中心人物，自由民権運動のおこりや経過，大日本帝国憲法の特色などは理解しておこう。

3 帝国憲法と議会 超出る!

(1)**憲法草案**…[伊藤博文《い とうひろぶみ》]らが**ドイツ憲法**を手本に作成
（↳憲法調査のため，ヨーロッパへ派遣）（↳君主権が強い）

(2)**内閣《ないかく》制度**…**伊藤博文**が初代内閣総理大臣となる(1885年)

(3)[大日本帝国《ていこく》憲法]発布(1889年)

①[天皇《てんのう》主権]…絶対的な権限を持つ

②アジアで最初の近代的な立憲国家

(4)**帝国議会**の開催《かいさい》

①[貴族院《き ぞくいん》]…皇族《こうぞく》・華族《か ぞく》・大地主など

②**衆議院**…直接国税15円以上を納める**満25歳《さい》以上の男子**に選挙権
（↳地租と所得税）

③**初期の議会**…政府→増税，軍備拡張《かくちょう》を主張→**民党《みんとう》**が反対して対立
（↳野党）

第一条　大日本帝国ハ
万世一系《ばんせいいっけい》ノ天皇之《これ》ヲ
統治ス
第三条　天皇ハ神聖《しんせい》ニ
シテ侵《おか》スヘ《べ》カラス《ず》
第十一条　天皇ハ陸海
軍ヲ統帥《とうすい》ス

↑大日本帝国憲法(一部)

なぜ？どうして？
ドイツ憲法を手本にした理由

ドイツ(プロイセン)憲法は君主権が強く，専制的な性格を持っていたため，天皇主権をめざす日本の憲法につごうがよかった。

テストの例題チェック

❶ 西南戦争の中心となった人物はだれか？ (西郷隆盛)

❷ 自由民権運動は，何を開いて国民を政治に参加させることを主張したか？ (国会)

❸ 板垣退助らが結成した政党を何というか？ (自由党)

❹ 立憲改進党結成の中心人物はだれか？ (大隈重信)

❺ 初代の内閣総理大臣になったのはだれか？ (伊藤博文)

❻ 大日本帝国憲法では主権はだれにあったか？ (天皇)

❼ 帝国議会は，貴族院と何院で構成されたか？ (衆議院)

43 条約改正と日清戦争

できたらチェック

1 条約の改正 超出る!

(1)**条約改正**への道
↳1858年にアメリカなどと結ばれた修好通商条約の改正
①1871年，岩倉使節団を派遣→失敗
②**欧化《おうか》政策**…井上馨《いのうえかおる》が［**鹿鳴館《ろくめいかん》**］を建設《はけん》→連日の舞踏会《ぶとうかい》などに批判《ひはん》→失敗
③1886年，［**ノルマントン号事件**］
(2)［**領事裁判権《りょうじさいばんけん》**］の撤廃《てっぱい》
↳治外法権ともいう
①**背景**…ロシアの南下政策を警戒《けいかい》するイギリスが，日本に接近
②日清戦争直前の1894年，［**陸奥宗光《むつむねみつ》**］がイギリスとの間で成功
(3)［**関税《かんぜい》自主権**］の回復
①1911年，［**小村寿太郎《こむらじゅたろう》**］が成功
↳日露戦争後　↳アメリカとの間で
②国際社会で，**列強と対等の立場**に立つ

2 日清戦争

(1)**背景**
①朝鮮《ちょうせん》をめぐり日本と清《しん》が対立
②朝鮮で［**甲午《こうご》農民戦争**］がおこる…外国人排斥《はいせき》をめざす
③鎮圧《ちんあつ》を名目に清と日本が出兵
(2)1894年，［**日清《にっしん》戦争**］開戦→軍事力で勝る日本が勝利

満点への道 ノルマントン号事件

1886年，イギリス船**ノルマントン号**が和歌山県沖《おき》で沈没《ちんぼつ》し，イギリス人船員は全員ボートでのがれたが，**日本人乗客は全員死亡**。この裁判は**イギリス領事裁判所**が行い，船長を軽い罰《ばつ》にしたため，**領事裁判権撤廃**の声が高まった。

知っトク情報 日清戦争の風刺画《ふうし》

下の絵は**日清戦争直前**の情勢《じょうせい》で，**日本**と**清**が**朝鮮**をつろうとしているのを**ロシア**が横取りしようとねらっている。

（宇都宮美術館）

テストでは… 条約改正の内容や中心人物，日清《にっしん》戦争の原因・結果，下関《しものせき》条約の内容と三国干渉《かんしょう》などの出題が多い。

3 下関条約と三国干渉 超出る!

(1)[下関条約《しものせき》]…1895年, 日清戦争の講和《こうわ》条約

①清は，**朝鮮の独立を認《みと》める**

②清は，[遼東《リアオトン》《りょうとう》半島]・**台湾《たいわん》**などを日本にゆずる

③清は, **賠償金《ばいしょうきん》**2億両《テール》を日本に支払《しはら》う
↳当時の約3億1000万円

(2)**日清戦争**の影響《えいきょう》…日本が大陸進出の足場を築く

(3)**三国干渉《さんごくかんしょう》**(1895年)

①中国東北部への進出をねらっていた[ロシア]が**ドイツ・フランスをさそって行う**

②**遼東半島**を清に返還《へんかん》することを要求→日本は清に返還
↳日本の大陸進出をおさえるため

満点への道
台湾の抵抗

台湾では，日本領になることがきまると，抵抗《ていこう》運動がおこった。日本は軍隊を送って鎮圧《ちんあつ》し，**台湾《たいわん》総督府《そうとくふ》**を置いて，**植民地**とした。

下関条約のおもな内容

テストの例題チェック

❶ 領事裁判権の撤廃に成功した外務大臣はだれ？（陸奥宗光）

❷ 小村寿太郎が回復に成功した条約の内容は何か？（関税自主権）

❸ 日清戦争のきっかけとなった，朝鮮でおこった農民の反乱は何？（甲午農民戦争）

❹ 日清戦争の講和条約を何という？（下関条約）

❺ 下関条約で日本領になった半島を何という？（遼東半島）

❻ 日本に対して，ドイツ・フランスをさそい三国干渉を行ったのは，どこか？（ロシア）

44 帝国主義と日露戦争

できたらチェック

1 帝国主義

◇[帝国主義《ていこくしゅぎ》]

①列強が軍事力を背景にアジア・アフリカを[植民地]化

②資本主義の発達で，列強は原料の供給地と製品の市場《しじょう》を求めた

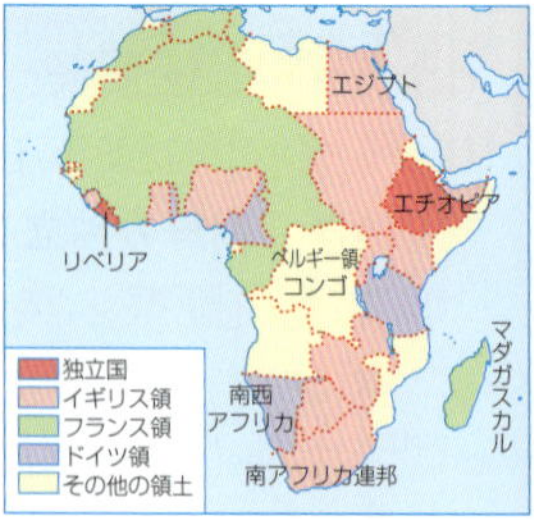

列強のアフリカ分割

2 日露戦争

超 出る!

(1)**中国の動き**…1899年，[義和団《ぎわだん》]**事件**→外国人排斥《はいせき》運動→翌《よく》年，連合軍により鎮圧《ちんあつ》→列強による**中国分割**《ぶんかつ》が進む

↳日本軍が主力

(2)[日英同盟《にちえいどうめい》](1902年)…**ロシアの南下**に対抗《たいこう》して**日本とイギリス**が結ぶ

満州に兵を置くなど

(3)[日露《にちろ》戦争](1904 ～ 05年)

①朝鮮《ちょうせん》・満州《まんしゅう》をめぐり日露が対立する

②日本軍は苦戦を重ねる→戦争の長期化で，日露ともに国力消耗《しょうもう》→戦争継《けい》続《ぞく》が難しくなる

日本は国民の生活苦，ロシアは革命運動

③日本海軍がロシア艦隊《かんたい》を破る

④アメリカが講和を仲介《ちゅうかい》

↳アメリカのポーツマスで講和会議

⑤日本国内の**反戦の動き**→与謝野《よさの》晶子《あきこ》・幸徳秋水《こうとくしゅうすい》・内村鑑三《うちむらかんぞう》

与謝野晶子：出征した弟を案じた詩
幸徳秋水：↳社会主義者
内村鑑三：↳キリスト教徒

知っトク情報

日英同盟の風刺画《ふうし》

下の絵は**日露戦争直前**の情勢《じょうせい》で，**ロシアの南下政策**に対して**日本と共通の利害関係を持つイギリス**は日本をそそのかし，日本にロシアが焼いている火中の栗《くり》を拾《ひろ》わせようとけしかけている(危険なことを行わせる)。

(日本漫画資料館)

テストでは… 日露《にちろ》戦争の背景と結果，ポーツマス条約の内容，朝鮮《ちょうせん》や中国の動きなどが重要！　おぼえておこう。

3 ポーツマス条約　超出る！

(1)[ポーツマス条約] (1905年)
↳日露戦争の講和条約

①韓国《かんこく》での日本の優越《ゆうえつ》権を認める

②遼東《リアオトン》半島南部の租借《そしゃく》権
↳旅順・大連

③[樺太《からふと》]の南半分を領有

(2)結果《けっか》…賠償金《ばいしょうきん》なし→民衆の不満
↳日比谷焼き打ち事件

(3)影響《えいきょう》…日本の国際的な地位向上

↑ポーツマス条約のおもな内容

4 朝鮮と中国の動き　超出る！

(1)韓国…1910年，日本が[韓国併合《へいごう》]強行
↳日本が韓国を植民地化
→朝鮮総督府《ちょうせんそうとくふ》を置いて武力で支配

(2)中国…[辛亥《しんがい》革命]…[孫文《スンウェン》《そんぶん》]が三民主義(民族・民権・民生主義)で指導→中華民国《ちゅうかみんこく》成立(袁世凱大総統《ユワンシーカイだいそうとう》《えんせいがい》)→清滅亡《しんめつぼう》
↳1911年
↳1912年

知っトク情報　日比谷焼き打ち事件

ポーツマス条約で，ロシアから賠償金が得られないことがわかると，日比谷《ひびや》焼き打ち事件など講和反対の暴動がおこった。

テストの例題チェック

❶ 列強が軍事力を背景に，アジアとアフリカの植民地化を進めた動きを何という？　(帝国主義)

❷ 日本とイギリスの軍事同盟を何という？　(日英同盟)

❸ 日露戦争の講和条約を何という？　(ポーツマス条約)

❹ ポーツマス条約で日本領になったのはどこの南半分か？　(樺太)

❺ 日本が韓国を植民地化したできごとを何という？　(韓国併合)

❻ 辛亥革命の中心となった人物はだれか？　(孫文)

45 日本の産業革命

□ できたらチェック

1 日本の産業革命 超出る!

(1)官営模範《もはん》工場の払《はら》い下げ

①1880年代に，政府は官営模範工場を大資本家に安く払い下げる
↳財閥とよばれるようになる

②理由…負担が重い，民間産業の育成

(2)日本の産業革命

①軽工業の発達…[せんい工業]から始まる(1880年代)→綿糸《めんし》・生糸《きいと》の輸出増加…中国・朝鮮《ちょうせん》とアメリカ
↳綿糸と綿織物　↳生糸

②重工業の発達…官営[八幡製鉄所]操業(1901年)→重工業発展の基礎《きそ》
日清戦争の賠償金の一部で建設↲

(3)公害の発生…足尾銅山鉱毒《あしおどうざんこうどく》事件→1891年，田中正造《たなかしょうぞう》が議会で取りあげる

(4)[資本主義《しほんしゅぎ》]が急速に発展する

(5)[財閥《ざいばつ》]のおこり…三井《みつい》・三菱《みつびし》・住友《すみとも》などの大資本家が一族を中心に形成

満点への道 イギリスと日本の産業革命

イギリスの産業革命…18世紀の後半に，**市民の活発な経済《けいざい》活動**の中から始まった。

日本の産業革命…19世紀後半から20世紀初めにかけて，**政府の保護**のもとで進展した。

知っトク情報 足尾銅山鉱毒事件

足尾銅山(栃木県)から出た鉱毒で，渡《わた》良瀬《らせ》川が汚染《おせん》され流域の農民が大被害《ひがい》を受けた。日本の公害第1号といわれる。

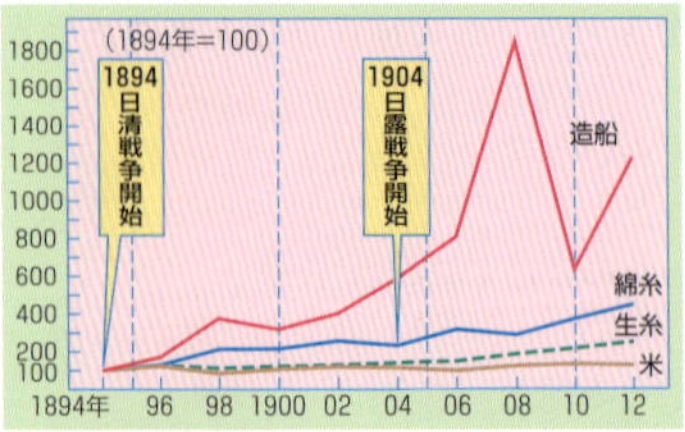

主要産業の生産高の変化

八幡製鉄所

テストでは… 軽工業から重工業への発達の様子や八幡《やはた》製鉄所の役割，社会問題の発生などが問われることが多い。

2 農民運動と社会運動

(1)**農民運動**

①生活苦→小作人《こさくにん》になる者が増加→大地主に土地が集中

②[**小作争議《そうぎ》**]…小作料の引き下げ要求

(2)**労働運動**

①労働者…**低賃金《ちんぎん》・長時間労働**

②[**労働組合**]結成…労働条件の改善を要求→[**労働争議**]

(3)**社会主義運動**

①**社会主義思想**→社会民主党結成（↳幸徳秋水ら）→政府が弾圧《だんあつ》，解散させる

②[**大逆《たいぎゃく》事件**]…天皇《てんのう》暗殺を計画したとして，**幸徳秋水《こうとくしゅうすい》**（↳社会主義者）らが死刑《しけい》

知っトク情報
低賃金の児童労働

賃金の安い少年労働者が歓迎《かんげい》され，大阪のマッチ工場などでは，過半数が10～15歳《さい》の児童で，中には6～7歳の者もいたといわれる。

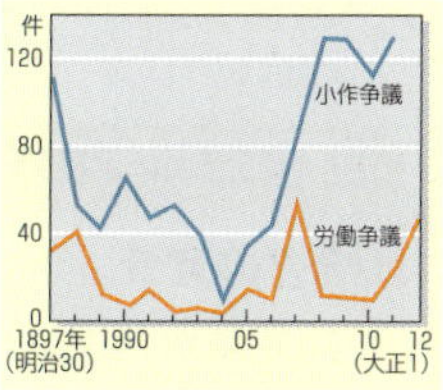

↑労働・小作争議の発生件数

テストの例題チェック

❶ 日本の軽工業が発達したのはいつごろか？ （ 1880年代 ）

❷ 日本の重工業発展の基礎となった工場は？ （ 八幡製鉄所 ）

❸ 三井・三菱などの大資本家が一族を中心に形成したものを何という？ （ 財閥 ）

❹ 農民が小作料の引き下げを求めた争議は？ （ 小作争議 ）

❺ 労働者が労働条件改善のために結成した組織は？ （ 労働組合 ）

❻ 社会主義者が天皇暗殺を計画したとして処罰《しょばつ》された事件は？ （ 大逆事件 ）

46 近代文化の形成

できたらチェック

1 教育の普及

(1)**義務教育の普及《ふきゅう》**…1886年，**学校令**→大学・中学・小学の学校制度→義務教育4年間→1907年に［6年間］に延長
↳就学率がほぼ100％となる

(2)**高等教育機関の整備**

①実業学校・専門学校

②私立学校…**慶応義塾《けいおうぎじゅく》**→［福沢諭吉《ふくざわゆきち》］，**東京専門学校**→**大隈重信《おおくましげのぶ》**など
↳現在の早稲田大学

(3)［教育勅語《ちょくご》］…学校教育と国民道徳の基本
↳1890年

満点への道 学校教育の目的

学校教育の目的は，個人の才能をのばすことよりも国家の役に立つ人間の育成に中心が置かれ，教育勅語が全国の学校に配布された。東京帝《てい》国《こく》大学などは官僚《かんりょう》を育て，国家に必要な学問や研究をするところとされていた。

2 自然科学の発達

(1)**発達の背景**

①洋学が近代科学発達の基礎《きそ》

②政府の**富国強兵**・**殖産興業《しょくさんこうぎょう》**政策で産業が発達

(2)**医学**…**志賀潔《しがきよし》**・**野口《のぐち》英世《ひでよ》**・［北里柴三郎《きたさとしばさぶろう》］らが世界的な発見

(3)化学…高峰譲吉《たかみねじょうきち》・［鈴木梅太郎《すずきうめたろう》］ら

(4)物理学…長岡半太郎《ながおかはんたろう》

	人物	業績
医学	北里柴三郎	**破傷風《はしょうふう》の血清療法《けっせいりょうほう》**発見 **ペスト菌《きん》**の発見
	志賀　潔	**赤痢菌《せきりきん》**の発見
	野口英世	**黄熱病《おうねつびょう》**の研究
化学	高峰譲吉	ジアスターゼ創製《そうせい》
	鈴木梅太郎	ビタミンB_1の精製
物理学	大《おお》森《もり》房《ふさ》吉《きち》	地震《じしん》計の発明
	木《き》村《むら》　栄《ひさし》	地球緯度《いど》変化の研究
	長岡半太郎	原子模型《げんしもけい》の研究

↑代表的な人物とその業績

テストでは… 義務教育の普及《ふきゅう》，自然科学や近代文学・芸術に活躍した人物とその業績などはしっかり覚えておこう。

3 近代文学と芸術 超出る!

(1)近代文学

①写実主義…坪内逍遙《つぼうちしょうよう》→『小説神髄《しんずい》』，二葉亭四迷《ふたばていしめい》→『浮雲《うきぐも》』
↳言文一致体

②ロマン主義…[島崎藤村《しまざきとうそん》]→『若菜集《わかな》』，与謝野晶子《よさのあきこ》→『みだれ髪』，樋口一葉《ひぐちいちよう》
『たけくらべ』↲

③自然主義…[石川啄木《いしかわたくぼく》]→『一握の砂』，国木田独歩《くにきだどっぽ》・田山花袋《たやまかたい》《いちあく》

④その他…[森鷗外《もりおうがい》]・[夏目漱石《なつめそうせき》]
ヨーロッパ文学の紹介↲ ↳『坊っちゃん』

(2)近代芸術

①日本画の復興《ふっこう》…岡倉天心《おかくらてんしん》・フェノロサ

②洋画…黒田清輝《くろだせいき》
↳フランス印象派の画風を伝える

③彫刻《ちょうこく》…高村光雲《たかむらこううん》・荻原守衛《おぎわらもりえ》

④音楽…滝廉太郎《たきれんたろう》→「荒城《こうじょう》の月」

知っトク情報 東京美術学校

アメリカから来日した東洋美術研究家の**フェノロサ**は，日本の伝統的な美術に価値を見いだし，**岡倉天心**とともに**東京美術学校**を設立して日本画の復興《ふっこう》に努め，**横山大観《よこやまたいかん》**らを育てた。

⇧湖畔《こはん》 黒田清輝 （東京文化財研究所）

テストの例題チェック

❶ 1907年，義務教育は何年間とされたか？ （ 6年間 ）
❷ 慶応義塾を設立した人物はだれ？ （ 福沢諭吉 ）
❸ 破傷風の血清療法を発見した人物はだれ？ （ 北里柴三郎 ）
❹ 黄熱病の研究を行った人物はだれ？ （ 野口英世 ）
❺ 『坊っちゃん』などの作品を著《あらわ》した人物は？ （ 夏目漱石 ）
❻ 日本画の復興につくしたアメリカ人は？ （ フェノロサ ）
❼ フランスから印象派の画風を伝えた人物はだれ？ （ 黒田清輝 ）

47 第一次世界大戦

できたらチェック

1 大戦前のヨーロッパ 超出る!

(1)**帝国《ていこく》主義列強の対立**…植民地や勢力範《はん》囲《い》をめぐって対立

①[三国同盟《どうめい》]…**ドイツ・オーストリア・イタリア**
のちに離脱

②**三国協商**…[イギリス]・**フランス・ロシア**

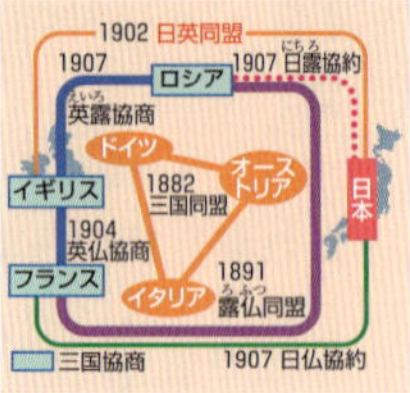

三国同盟と三国協商

③三国同盟と三国協商が激しく対立

(2)**バルカン半島**…民族・宗教，帝国主義諸国《しょこく》の対立→**「ヨーロッパの火薬庫」**
「死の十字路」ともいわれた

用語マスター ヨーロッパの火薬庫

バルカン半島は，民族・宗教の対立が激しく，列強の利害が対立する地域で，いつ戦争がおこってもおかしくないことから，「**ヨーロッパの火薬庫**」とよばれていた。

2 第一次世界大戦

(1)**始まり**…1914年，[サラエボ事件]がきっかけ→**同盟国**と**連合国**の戦争に拡大
協商国側

(2)**経過**

①同盟国の進撃《しんげき》→戦争の長期化→**新兵器**の開発と**総力戦《そうりょくせん》**
飛行機・戦車など
すべての国力を投ずる戦い

②イタリア・アメリカが連合国側で参戦
1915年 1917年

(3)1918年，連合国側が勝利

第一次世界大戦中のヨーロッパ

満点への道 サラエボ事件

1914年，**バルカン半島**のサラエボでオーストリア皇太子《こうたいし》夫妻がセルビア人青年に暗殺された事件。**第一次世界大戦のきっかけ**となった。

テストでは… 第一次世界大戦前のヨーロッパの情勢や大戦のきっかけ，日本の参戦と経済の動きなどが問われることが多い。

3 日本の参戦と経済発展 超出る!

(1)**日本の参戦**…1914年，**日英同盟**が理由→山東半島《シャントン》などを占領《せんりょう》→中国に[二十一か条の要求]を出す→**排日運動《はいにち》**

↳ドイツが支配していた（山東半島）

1915年↲（二十一か条の要求）

(2)**大戦景気《けいき》**…軍需《ぐんじゅ》品供給《きょうきゅう》で好景気→**成金《なりきん》**

急に大金持ちになった人↲（成金）

(3)[米騒動《こめそうどう》](1918年)…**シベリア出兵**をみこし，米の買い占《し》め→[米価]の上昇《じょうしょう》

↳のちに内閣総辞職（米騒動）

ロシア革命への干渉(かんしょう)戦争↲（シベリア出兵）

4 ロシア革命とソ連

(1)長期の戦争で**帝政《ていせい》に不満**が高まる

(2)**経過**…帝政を倒す→臨時《りんじ》政府成立

↳三月革命

→[レーニン]の指導で臨時政府を倒す→**世界初の社会主義政府**の成立

↳十一月革命

(3)[ソビエト]**社会主義共和国連邦《れんぽう》**成立

↳略称はソ連

なぜ? どうして? シベリア出兵

ロシアの社会主義革命が波及《はきゅう》するのを恐れて，ロシア国内の反革命派を助け，革命を失敗させるため**アメリカ・イギリス・フランス・日本など**が，軍隊を派遣《はけん》した。日本だけが1922年まで続け，非難《ひなん》を浴びた。

レーニン

(日本ロシア語情報図書館)

テストの例題チェック

❶ 1882年に三国同盟を結んだのはオーストリア・イタリアとどこの国？ (ドイツ)

❷ 三国協商はフランス・ロシアとどこの国？ (イギリス)

❸ 「ヨーロッパの火薬庫」とよばれた半島はどこ？ (バルカン半島)

❹ 第一次世界大戦のきっかけとなった事件は？ (サラエボ事件)

❺ 日本が中国につきつけた要求を何という？ (二十一か条の要求)

❻ 米価の上昇に反対しておこった全国的な事件は？ (米騒動)

❼ ロシア革命を指導した人物はだれ？ (レーニン)

48 第一次世界大戦後の世界

□ できたらチェック

1 ベルサイユ条約 超出る!

(1)[パリ]講和《こうわ》会議(1919年)

①第一次世界大戦の後始末

②[ウィルソン]の提案…民族自決《みんぞくじけつ》・無賠償《むばいしょう》・無併合《へいごう》など14か条→戦勝国は自国の利益のために認《みと》めず

↳アメリカ大統領

(2)[ベルサイユ条約](1919年)

①ドイツは領土の一部と全植民地失う

②ドイツの軍備制限，多額の賠償金《ばいしょうきん》

③日本はドイツの権益を引きつぐ

↳中国・太平洋地域

(3)東ヨーロッパ諸民族《しょみんぞく》…民族自決の考えにもとづいてポーランドなどが独立

□

2 国際協調の動き

(1)[国際連盟《こくさいれんめい》]の成立(1920年)

↳アメリカ大統領ウィルソンの提案

①**意義…世界初の国際平和機構**

②問題点…**大国不参加，武力制裁なし**

↳アメリカは議会の反対で不参加

③**日本**…常任理事国の一つ

↳新渡戸稲造が事務局次長

(2)**ワシントン会議**…海軍艦艇《かんてい》の制限など

↳アメリカ提案の軍縮会議

(3)**欧米諸国の動き**

①**ドイツ**…[ワイマール憲法《けんぽう》]制定

↳当時の憲法としては最も民主的といわれた

②イギリス…女性参政権・労働党内閣《ないかく》

③アメリカ…世界一の経済力をもつ国

なぜ? どうして? ベルサイユ条約の影響

イギリスやフランスのドイツに対する敵意はたいへん強く，戦争責任をドイツに負わせて巨額《きょがく》の賠償金を課したため，**ドイツの経済《けいざい》が混乱《こんらん》**し，**ヒトラー**台頭の原因となった。

用語マスター 民族自決

民族の帰属は，その民族自身の意思によって決めることができるという権利。

満点への道 軍縮会議

ワシントン会議…**海軍軍縮条約**→主力艦の保有制限，**四か国条約**→日英同盟の廃《はい》止《し》，**九か国条約**→中国の主権尊重。
ロンドン海軍軍縮会議…補助艦の制限。

テストでは… パリ講和会議の目的とベルサイユ条約の内容，国際連盟，アジア諸国の民族運動などが問われることが多い。

3 アジアの民族運動 超出る!

(1)インド…[ガンディー]の指導で**非暴力・不服従**のイギリスからの独立運動

(2)**朝鮮《ちょうせん》の動き**…1919年，現在のソウル 京城(けいじょう) で[三《さん》・一独立《いちどくりつ》運動]→日本からの独立を求める→日本の軍隊・警察が鎮圧《ちんあつ》

(3)**中国の動き**

①[五《ご》・四《し》運動] 北京でおこる (1919年)…反日運動，帝国《ていこく》主義の侵略《しんりゃく》に反対する愛国的国民運動

②**中国国民党**…孫文《スンウェン》《そんぶん》らが結成，中国共産党と協力

③[国民政府《こくみんせいふ》](1927年)…孫文の死後蒋介石《チャンチェシー》《しょうかいせき》が樹立→首都南京《ナンキン》

知っトク情報 アジアの民族自決

ヨーロッパでは民族自決の権利にもとづき多くの民族国家が独立したが，アジアでは独立が認められず，各地で激《はげ》しい民族運動や独立運動が展開された。

民族運動・独立運動の発生地

テストの例題チェック

❶ 第一次世界大戦の講和会議が開かれた都市は？（パリ）

❷ 第一次世界大戦の講和条約を何という？（ベルサイユ条約）

❸ 世界初の国際平和機構を何という？（国際連盟）

❹ 1919年に制定された，当時最も民主的といわれたドイツの憲法を何という？（ワイマール憲法）

❺ インドの独立運動を指導した人物はだれ？（ガンディー）

❻ 1919年に朝鮮でおこった独立運動は？（三・一独立運動）

❼ 1919年に北京でおこった愛国的国民運動は？（五・四運動）

49 大正デモクラシーと文化

□ できたらチェック

1 大正デモクラシー

(1)**第一次護憲運動**《ごけん》…尾崎行雄《おざきゆきお》らが**立憲政治**を守る運動→藩閥内閣《はんばつないかく》を倒す
↳1912年～
↳桂太郎内閣

(2)**大正デモクラシー**

①**民主主義**を求める動き

③**吉野作造**《よしのさくぞう》…[民本主義《みんぽんしゅぎ》]で普通《ふつう》選挙による[政党《せいとう》]中心の議会政治を主張

用語マスター 民本主義

吉野作造の「民本主義」は「デモクラシー」の訳語《やくご》で，**天皇**《てんのう》**主権のもとでの民主主義**を主張した。その点が現在の民主主義とはちがっていた。

□

2 政党政治の展開 超出る!

(1)本格的な[政党政治]…**原敬**《はらたかし》**内閣**成立(米騒動の直後)→陸軍・海軍・外務大臣以外立憲政友会《りっけんせいゆうかい》の党員で組織

(2)**第二次護憲運動**…**政党内閣・普通選挙**を求める運動→**政党政治**が復活
↳1924年～
↳原敬内閣のあとは非政党政治

(3)[普通選挙《ふつうせんきょ》]法の成立
↳1925年

①[満25歳以上の男子]に選挙権→納税額の制限がなくなる

②女性には選挙権はあたえられない

(4)[治安維持法《ちあんいじほう》]の成立…**社会運動や社会主義思想**を取りしまる
↳1925年

なぜ？どうして？ 治安維持法

普通選挙制の実施《じっし》で社会主義勢力がのびるのをおさえるために制定され，社会運動や社会主義思想を取りしまった。

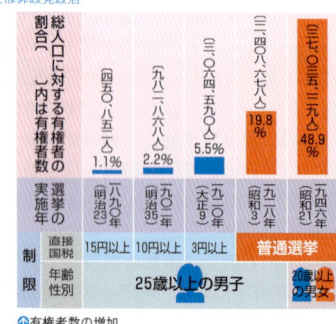

選挙の実施年	一八九〇年（明治23）	一九〇二年（明治35）	一九二〇年（大正9）	一九二八年（昭和3）	一九四六年（昭和21）
総人口に対する有権者の割合（　）内は有権者数	1.1%（四五〇、八五二人）	2.2%（九八二、八六八人）	5.5%（三、〇六四、五九〇人）	19.8%（一二、四〇八、六七八人）	48.9%（三七、〇三五、三二九人）
制限　直接国税	15円以上	10円以上	3円以上	普通選挙	普通選挙
制限　年齢性別	25歳以上の男子	25歳以上の男子	25歳以上の男子	25歳以上の男子	20歳以上の男女

↑有権者数の増加

テストでは… 護憲《ごけん》運動の内容と影響《えいきょう》，普通選挙制の内容，社会の動きや大正時代の文学などは出題されることが多い。

3 社会の動き

(1)不景気が広がる…輸出や国内需要《じゅよう》減少
↳戦後恐慌

(2)**社会運動の広がり**

①**労働争議**…1920年，初のメーデー

②**小作争議**…日本農民組合結成

③被《ひ》差別部落の人々→[全国水平社《すいへいしゃ》]

④婦人運動…**平塚《ひらつか》らいてう《(らいちょう)》**が進める

(3)[関東大震災《だいしんさい》]…経済の混乱・虐殺《ぎゃくさつ》
↳1923年，東京・横浜などに大被害　↳朝鮮人や社会主義者

知っトク情報　婦人運動

平塚らいてうらは，1911年に，**青鞜社《せいとうしゃ》**を，1920年には**新婦人協会**を結成して女性の解放や参政権などを求める婦人運動を進めた。

4 大正の文化　超出る！

(1)**都市の生活**…西洋風の生活様式→洋風料理・洋服の普及《ふきゅう》・働く女性
↳バスガールなど

(2)**大衆文化**…雑誌・[ラジオ放送]など

(3)**文学**…志賀直哉《しがなおや》(白樺《しらかば》派)，芥川龍之介《あくたがわりゅうのすけ》，小林多喜二《こばやしたきじ》(プロレタリア文学)

満点への道　文学の傾向《けいこう》

白樺派…雑誌『白樺』を創刊《そうかん》し，人道主義・理想主義を唱えた。

プロレタリア文学…働く人々の仕事や，くらしを小説にえがいた。

テストの例題チェック

❶ 民本主義を唱えた人物はだれか？　（　吉野作造　）

❷ 初めての本格的な政党内閣を組織した首相はだれか？　（　原敬　）

❸ 1925年の普通選挙法では，何歳以上の男子が選挙権をもったか？　（　満25歳以上　）

❹ 被差別部落の人々が解放をめざした組織は何か？　（　全国水平社　）

❺ 志賀直哉らの文学の傾向を何というか？　（　白樺派　）

50 世界恐慌とファシズムの台頭

□ できたらチェック

1 世界恐慌

(1)背景…**アメリカ**が**世界経済《けいざい》の中心**→生産過剰《かじょう》で商品が余る

(2)恐慌《きょうこう》のおこりと広がり

①1929年，ニューヨークで株《かぶ》価《か》が大暴落《だいぼうらく》し，恐慌となる
↳ウォール街に株式取引所がある

②企業《きぎょう》・銀行倒産《とうさん》，失業者急増

③全[資本主義《しほんしゅぎ》]諸国に広がる
→[世界恐慌《せかいきょうこう》]となる

④資本主義国の工業生産額→激減《げきげん》

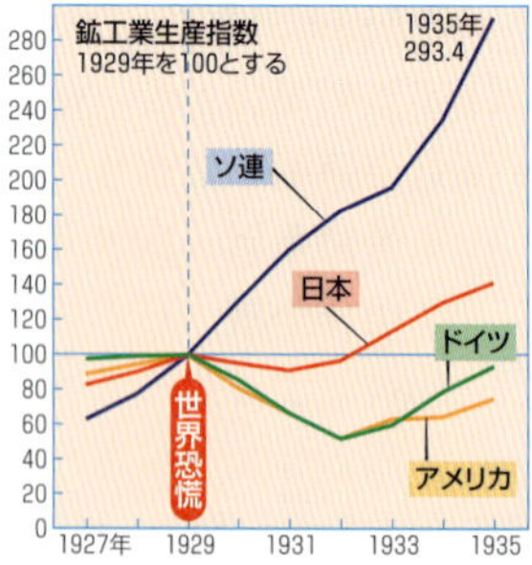

↑鉱工業生産指数の推移《すいい》

満点への道 恐慌

資本主義経済のもとでは不景気が周期的にやってくることが特色だが，**好景気から不景気への変動が急激におこり**，経済が大混乱《こんらん》する状況《じょうきょう》を恐慌という。

□

2 各国の恐慌対策 超出る!

(1)**アメリカの対策**

①[ニューディール]**政策**…1933年，ルーズベルト大統領による
↳「新規まき直し」という意味

②政府が積極的にダム建設などの**公共事業**をおこし，失業者を救済
↳テネシー川

③国民の購買力《こうばいりょく》を高める

(2)**イギリス・フランスの対策**

①**ブロック経済**…本国と植民地(連邦《れんぽう》内)の結びつきを強化→**保護貿易**

②外国商品に高い関税をかけ，しめ出す

(3)植民地の少ない国…海外進出など
↳イタリア，ドイツ，日本など

知っトク情報 保護貿易

国内の産業を保護するために，政府が**輸入品に高い関税をかけ**，外国製品の流入を制限する。

テストでは… 世界恐慌《きょうこう》の背景と各国の対策，ファシズム諸国の中心人物や政策などはつかんでおこう。

3 ソ連の動き

(1)スターリン…レーニンの死後**独裁《どくさい》政治**

(2)［五か年計画］**実施《じっし》**…社会主義の政策

↳1928年から5年を単位に，数次にわたって行われた

①農業の集団化，重工業中心の工業化

②**世界恐慌の影響《えいきょう》を受けない**

4 ファシズムの台頭 超出る!

(1)［ファシズム］…**全体主義の独裁政治**

↳反民主主義・反自由主義をかかげる

(2)ドイツ

①［ヒトラー］がナチスを率いる

↳1933年，首相になる

②国際連盟脱退，再軍備推進

↳1933年

(3)イタリア…［ムッソリーニ］がファシスト党を率いる→海外侵略

↳1922年に政権を取る

↳エチオピア併合

(4)反ファシズム…**人民戦線内閣**の成立

↳フランスやスペインで成立

なぜ？どうして？ ファシズム台頭の理由

植民地も資源も少ないドイツ・イタリアなどは，世界恐慌後貿易に頼れなくなったため，軍事力を背景に海外への進出をめざした。

知っトク情報 人民戦線内閣

ファシズムに反対する人々が民主主義を守るために人民戦線内閣《ないかく》をつくったが，ファシズム勢力に倒された。

テストの例題 チェック

❶ 世界恐慌はどこの国からおこったか？ （ アメリカ ）

❷ アメリカの恐慌対策を何というか？ （ ニューディール政策 ）

❸ イギリスやフランスの恐慌対策を何というか？ （ ブロック経済 ）

❹ スターリンが進めた社会主義の政策を何という？ （ 五か年計画 ）

❺ 全体主義の独裁政治を何という？ （ ファシズム ）

❻ ドイツでナチスを率いて政権をとったのはだれ？ （ ヒトラー ）

❼ イタリアでファシスト党を率いて政権をとったのはだれ？ （ ムッソリーニ ）

51 日本の中国侵略

□ できたらチェック

1 日本経済の行きづまり

(1)第一次世界大戦後続く不景気
↳関東大震災も打撃

①1927年，[金融恐慌《きんゆうきょうこう》]がおこる

②**世界恐慌**の影響《えいきょう》で大打撃《だげき》(昭和恐慌)

③**都市**…失業者増大→**労働争議**の多発

④**農村**…**小作争議**が激化

(2)不景気対策…合理化，ダンピング→効果なし
ダンピング：低賃金でつくった製品を安く輸出した

(3)[財閥《ざいばつ》]…産業支配を進め，利益独占《どくせん》
↳財閥と結びつく政党に不満が高まる

□

2 日本の中国侵略 超 出る!

(1)軍部・国家主義者→「**満州《まんしゅう》は日本の生命線**」であると，大陸進出を主張

(2)[満州事変《まんしゅうじへん》]がおこる(1931年)

①奉天《フォンティエン》《ほうてん》郊外《こうがい》で南満州鉄道を爆破→**全満州を占領《せんりょう》**
奉天郊外：↳柳条湖
爆破：↳日本の関東軍が行い，中国軍の仕業とした

②[満州国]成立(1932年)
↳清朝最後の皇帝溥儀を元首とする
…日本が政治・軍事・経済の実権をにぎる

(3)[国際連盟脱退《こくさいれんめいだったい》](1933年)
…国際連盟の日本軍に対する撤兵勧告《てっぺいかんこく》を不満として脱退《だったい》→日本は**国際的に孤立《こりつ》**する
撤兵勧告：↳満州からの
国際的に孤立：↳ドイツ・イタリアに接近

知っトク情報
銀行の取りつけさわぎ

銀行は，資金を貸しつけた企業《きぎょう》の倒産《とうさん》などで資金を回収できなくなり，預金者に預金を払《はら》い戻《もど》せなくなることがある。このため，倒産しかかった銀行には預金を引き出そうとする人々が殺到《さっとう》する。これを**取りつけさわぎ**という。**金融恐慌**の際には取りつけさわぎがおこり，大混乱をまねいた。

↑満州事変と満州国

テストでは…

不景気打開のために日本が行った大陸侵略《しんりゃく》，軍部独裁の背景，軍事態勢の強化などについての出題が多い。

3 強まる軍国主義 超出る!

(1)[五・一五事件](1932年)

①海軍将校らが[犬養毅《いぬかいつよし》]首相暗殺

満州国の承認に反対したとした

②1924年以来の**政党政治が終わる**

(2)[二・二六事件](1936年)…陸軍将校らが首相･大臣をおそい都心部占拠《せんきょ》→**軍部の政治的発言力が強まり**，議会は無力化

満点への道 抗日民族統一戦線

国民政府と**中国共産党**は内戦を続けていたが，日中戦争が始まると，内戦を一時中断し，協力して日本軍への徹底抗戦《てっていこうせん》をはかった。

4 中国との全面戦争 超出る!

(1)[日中戦争](1937～45年)

①日本軍が南京《ナンキン》占領→捕虜《ほりょ》や住民虐殺《ぎゃくさつ》

→南京事件

②**中国…抗日《こうにち》民族統一戦線**結成

(2)[国家総動員法]…国民・物資を動員

→1938年

(3)戦時体制…**大政翼賛会《たいせいよくさんかい》**・隣組《となりぐみ》

満点への道 大政翼賛会

1940年，政党や政治団体が解散してつくられた全体主義的な国民組織。政府の方針《ほうしん》を国民全体に徹底させた。

テストの例題 チェック

❶ 日本軍の鉄道爆破をきっかけにおこった事件は？（ 満州事変 ）

❷ 満州事変ののちに中国東北部に建てられた国は？（ 満州国 ）

❸ 海軍将校らが首相を暗殺した事件を何という？（ 五・一五事件 ）

❹ 五・一五事件で暗殺された首相はだれか？（ 犬養毅 ）

❺ 陸軍将校らが首相や大臣などをおそった事件を何という？（ 二・二六事件 ）

❻ 1937年に始まった日本と中国の戦争を何という？（ 日中戦争 ）

❼ 国民や物資を動員できるようにした法律は何？（ 国家総動員法 ）

52 第二次世界大戦

□ できたらチェック

1 第二次世界大戦

(1)**大戦前**

①**枢軸国《すうじくこく》**と**連合国《れんごうこく》**の対立

②1939年，**独ソ不可侵《ふかしん》条約**を結ぶ
↳ドイツとソ連が結ぶ

(2)[第二次世界大戦](1939 ～ 45年)

①**開戦**…[ドイツ]が**ポーランドに侵攻《しんこう》**
↳これに対し，イギリス·フランスがドイツに宣戦

②イタリアがドイツ側で参戦

③**独ソ戦**…1941年，ドイツがソ連に侵攻
↳独ソ不可侵条約を破る

□

2 太平洋戦争 超出る!

(1)**戦争前の日本の動き**(1940 ～ 41年)

①大東亜共栄圏《だいとうあきょうえいけん》を唱える

②フランス領インドシナに進軍

③1940年，**日独伊《にちどくい》**[三国同盟《さんごくどうめい》]を結ぶ

④日本への経済封鎖《ふうさ》
日米関係悪化↵

⑤[日ソ中立条約]を結ぶ
↳日本が北方の安全のためにソ連と結ぶ

(2)[太平洋戦争](1941～45年)

①**開戦**…**真珠湾《しんじゅわん》を奇襲《きしゅう》**，
↳日本軍の空襲
マレー半島上陸
↳イギリス軍を攻撃

②**東南アジア**全域に侵攻

③**アメリカ**…1942年，ミッドウェー海戦で日本軍を破る→以後反撃《はんげき》

満点への道
連合国と枢軸国

イギリス·フランス·アメリカなどを**連合国**，ドイツ·イタリア·日本などを**枢軸国**とよぶ。

用語マスター
大東亜共栄圏

太平洋戦争中，欧《おう》米《べい》の植民地支配に代わり，日本が中心となってアジアに「共《きょう》存《ぞん》·共栄《きょうえい》」の新秩序《ちつじょ》を樹立《じゅりつ》しようとしたスローガン。これによって，日本はアジアへの侵略《しんりゃく》と戦争を正当化しようとした。

⊕太平洋戦争

テストでは… 第二次世界大戦の開始，太平洋戦争の経過と結果，戦時下のアジアや国民生活などが問われることが多い。

3 戦時下の様子

(1)**東南アジア**…各地で日本への抵抗《ていこう》運動
(2)**朝鮮《ちょうせん》**…人々を日本に連行し強制労働，皇民化《こうみんか》政策で**創氏改名《そうしかいめい》**などを強要
↳姓名を日本式に改める
(3)**国民生活**…物資の不足→**配給制**，**学徒出陣《しゅつじん》**，**学童（集団）疎開《そかい》**，**勤労動員**

4 日本の敗戦 超出る!

(1)**ヨーロッパの終戦**…1943年にイタリア，1945年５月にドイツが降伏《こうふく》
(2)**沖縄戦**…住民をまきこむ激戦
県人口の4分の1，12万人以上の死者
(3)［**ポツダム宣言**］…日本の降伏条件示す
(4)**原子爆弾《げんしばくだん》投下**…［**広島**］・**長崎**
1945年8月6日　8月9日
(5)**日本の降伏**…ポツダム宣言を受諾《じゅだく》

知っトク情報 ポツダム宣言

ポツダム宣言は，日本の無条件降伏と戦後の占領《せんりょう》政策を示したもので①**軍国主義の除去**，②**連合国の日本占領**，③**日本の領土の制限**，④**軍隊の完全武装解除**，⑤**民主主義の復活**などが宣言されていた。

↑原爆ドーム（時事通信社）

テストの例題チェック

❶ 第二次世界大戦は，ドイツがどこに侵攻したことから始まったか？（ ポーランド ）
❷ 日本がヨーロッパの国と結び，枢軸国の一員となった軍事同盟は？（ 日独伊三国同盟 ）
❸ 北方の安全のために日本がソ連と結んだ条約は？（ 日ソ中立条約 ）
❹ 日本がハワイなどを攻撃して始まった戦争は？（ 太平洋戦争 ）
❺ 日本の無条件降伏を求めた宣言を何というか？（ ポツダム宣言 ）
❻ 原子爆弾が投下された都市は長崎とどこか？（ 広島 ）

53 占領下の日本

1 連合国軍の占領政策 超出る!

(1)**連合国軍の占領《せんりょう》**
↳占領は1952年4月(サンフランシスコ条約の発効)まで

①[**マッカーサー**]を最高司令官とする[**連合国軍最高司令官総司令部**](GHQ《ジーエイチキュー》)を東京におく→GHQの**間接統治《とうち》**による戦後改革

②方針…民主主義国家を育成

(2)**占領政策の実施《じっし》**

①[**極東《きょくとう》国際軍事裁判《さいばん》**]…戦争責任者を処罰《しょばつ》
↳国際軍事裁判(東京裁判)

②軍国主義者らを**公職追放**

③**天皇《てんのう》の人間宣言**…神の子孫を否定
↳天皇が自ら否定

マッカーサーと昭和天皇
(毎日新聞社)

満点への道 五大改革指令

連合国軍最高司令官総司令部(GHQ《ジーエイチキュー》)は, ①**女性の参政権**, ②**専制政治の廃止《はいし》**, ③**経済機構の民主化**, ④**労働者の地位向上**, ⑤**学校教育の自由主義化**の実施《じっし》を指令した。

用語マスター 公職追放

公職追放では, 政治家・役人・教員などのほかに, 大会社や新聞社の役員などもふくまれた。

2 領土の縮小

(1)**ポツダム宣言**で, 九州・四国・本州・北海道と周辺の島々に限られる

(2)**沖縄《おきなわ》・奄美《あまみ》群島・小笠原諸島《おがさわらしょとう》**…アメリカ軍の直接統治
↳1953年に返還

(3)**北方領土**…ソ連が占拠《せんきょ》

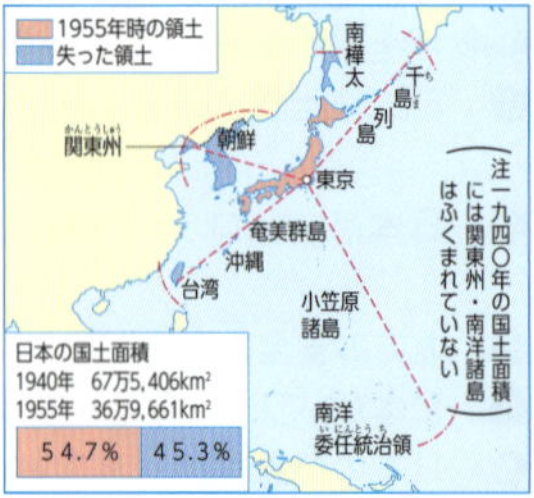

制限された日本の国土

できたらチェック

テストでは… 敗戦による領土の縮小や占領政策などがよく出題される。敗戦後の苦しい国民生活についてもおさえておこう。

3 国民の苦難

(1)本土空襲《くうしゅう》で産業施設《しせつ》が破壊《はかい》され，産業が壊滅《かいめつ》状態に

(2)**食料不足，配給《はいきゅう》の停滞《ていたい》→物価の急激《きゅうげき》な上昇《じょうしょう》**，農村への[買い出し]，[闇市《やみいち》]
非合法の自由市場

(3)焼《や》け跡《あと》での野外授業…[青空教室]

(4)戦争で家も仕事も失った失業者・孤児《こじ》が激増《げきぞう》
空襲などで親を亡くした子ども

(5)**大陸からの復員や引き上げ**→失業者の増大，シベリア抑留《よくりゅう》・中国残留日本人孤児の問題

買い出し列車　（朝日新聞社）

知っトク情報　闇市・買い出し

闇市では食料品も売られていたが，値段が高かった。そのため，都会の人々は，直接食料を手に入れるために，農村へ**買い出し**に出かけた。

用語マスター　復員・引き上げ

軍人や軍属《ぐんぞく》（軍隊に従う通訳や技術者など）が帰国することを**復員**といい，一般《いっぱん》の日本人が帰国することを**引き上げ**という。

テストの例題チェック

❶ 連合国軍最高司令官総司令部の最高司令官は？（ マッカーサー ）
❷ 連合国軍最高司令官総司令部の略称《りゃくしょう》は何という？（ GHQ ）
❸ 天皇自らが，神の子孫を否定した宣言を何という？（ 天皇の人間宣言 ）
❹ アメリカ軍が直接統治することになったのは，沖縄と奄美群島とどこか？（ 小笠原諸島 ）
❺ 食料を手に入れるために，都会の人々が農村へ出かけたことを何という？（ 買い出し ）
❻ 敗戦後に焼け跡で行った野外授業を何という？（ 青空教室 ）

54 民主化と日本国憲法

1 政治・経済の民主化 超出る!

(1)政治の民主化

①政党復活，言論・集会・結社の自由

②[選挙法]の改正(1945年)…[満20歳《さい》以上の男女]に選挙権→翌《よく》年の総選挙で，女性国会議員39名が誕生《たんじょう》

(2)経済《けいざい》の民主化

①[財閥《ざいばつ》解体](1945年)→独占《どくせん》禁止法

②[農地改革](1946年から実施《じっし》)…政府が地主から土地を強制的に買いあげ，小作人に安く売る

③結果…[自作]農が増加→農村の民主化が進む

ミス注意 選挙権所有資格

選挙権所有資格は，**1890年**→1年に直接国税15円以上納める25歳以上の男子，**1925年**→25歳以上の男子，**1945年**→20歳以上の男女，と変わっていった。これで，**女性参政権も実現した。**

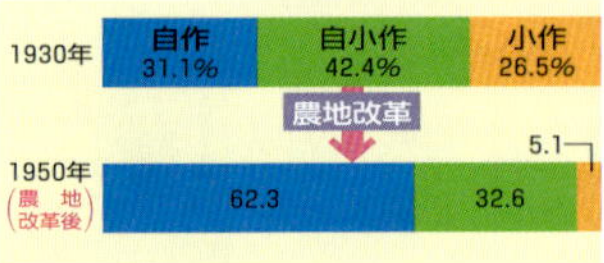

農地改革による農家数の変化

2 日本国憲法の制定 超出る!

(1)総司令部(GHQ《ジーエイチキュー》)が草案を示し，それをもとに国会が審議《しんぎ》し議決

↳日本の改正案は，天皇の統治権を認めるなど民主化が不徹底だった

(2)公布→1946年11月3日，施行《しこう》→1947年5月3日から

(3)特色…[国民主権]・基本的人権の尊重《そんちょう》・平和主義，天皇《てんのう》は[象徴《しょうちょう》]，国会は[唯一《ゆいいつ》の立法機関]

日本国憲法の三大原則

テストでは… 戦後の政治・経済・社会・教育などの民主化の内容や日本国憲法の内容などがよく出題される。

3 教育の民主化 超出る!

(1)**墨《すみ》ぬり教科書**…軍国主義的な記述を削除《さくじょ》

(2)[**教育基本法**](1947年)

①目的…民主主義的な人間の形成，教育の機会均等《きんとう》

②六・三・三・四制，義務教育９年，男女共学

↳私立学校は男女別を認められる

> **知っトク情報　教育基本法**
>
> 1947年，国家主義的な教育をめざした**教育勅語《ちょくご》**にかわって，**教育基本法**が制定。それと同時に，学校制度の大すじを定めた**学校教育法**も制定された。

4 社会の民主化 超出る!

(1)**地方自治の改革**…**地方自治法**制定

↳知事・市町村長を住民が選挙

(2)**民法の改正**…[**個人の尊厳《そんげん》**]，[**男女平等**]が基本

(3)**労働組合法**，**労働基準法**制定

↳労働条件の最低基準を定めている

(4)**労働運動の高まり，社会運動の復活**

> **知っトク情報　労働組合法**
>
> 1945年12月に制定された**労働組合法**では，労働者の**団結権・団体交渉《こうしょう》権・団体行動権(争議権)**が保障された。

テストの例題チェック

❶　選挙法の改正で，選挙権所有資格は何歳以上の男女となったか？
（　満20歳以上　）

❷　政府が地主から土地を強制的に買い上げ，小作人に安く売りわたした政策を何というか？（　農地改革　）

❸　1946年11月３日に公布された憲法を何という？（　日本国憲法　）

❹　日本国憲法の三大原則の１つは何の尊重か？（　基本的人権　）

❺　1947年に教育勅語《きょういくちょくご》にかわって制定されたのは何という法律？
（　教育基本法　）

55 国際連合と戦後の世界

できたらチェック

1 国際連合 超出る!

(1)1945年10月，[国際連合《こくさいれんごう》]成立

①**大国中心主義**…**五大国**に大きな責任
↳米・英・仏・ソ・中

②**武力制裁《せいさい》**…国際紛争《ふんそう》の解決

③強力な[安全保障《ほしょう》理事会]→**常任理事国**は**拒否権《きょひけん》**をもつ
↳五大国

(2)**国際連合の活動**

①1948年，**世界人権宣言**採択《さいたく》
↳国際的な人権保障

②**紛争の解決**…国連軍派遣《はけん》，
平和維持《いじ》活動
↳略称PKO

比較 国際連盟と国際連合

国際連盟		国際連合
総会での議決→全会一致が原則	議決	総会での議決→**多数決制**
経済制裁（武力制裁なし）	制裁	国連軍による**武力制裁**ができる
大国不参加 59か国（1934年）	加盟	**大国中心主義** 193か国（2011年）

用語マスター 拒否権

国際連合の安全保障理事会の**常任理事国**にあたえられた強い権限である。重要事項《じこう》については，常任理事国の1国でも反対すると議決できないというもので，五大国が一致《いっち》して行動することを求めたものである。

2 冷戦の始まり 超出る!

(1)**二つの世界**…大戦後，強大化した**アメリカ**と**ソ連**が中心

(2)[冷戦《れいせん》]…戦火を交えない東西両陣営《じんえい》の激《はげ》しい対立
↳「冷たい戦争」ともいう

①[北大西洋条約機構]…1949年に，**資本主義国（西側陣営）**が**アメリカ**を中心に結成
↳NATO（ナトー）

②**ワルシャワ条約機構**…1955年に，**社会主義国（東側陣営）**が[ソ連]を中心に結成
↳ソビエト連邦

テスト では…

国際連合の目的や安全保障理事会の役割，東西両陣営の対立，朝鮮《ちょうせん》戦争についてはしっかりつかんでおこう。

3 朝鮮と中国の動き　超 出る!

(1)朝鮮《ちょうせん》半島の動き

①大韓民国《だいかんみんこく》と朝鮮民主主義人民共和国
　↳1948年，独立

②[朝鮮戦争]…冷戦の影響《えいきょう》

(2)中国の動き

①[中華《ちゅうか》人民共和国]成立(1949年)
　↳毛沢東が率いる中国共産党が成立を宣言

②蒋介石《チャンチェシー》《しょうかいせき》の国民政府は台湾《たいわん》に移る

4 アジア・アフリカの独立

(1)アジア諸国《しょこく》…インドネシア，インド，フィリピンなどが独立
　インドネシア↳オランダから独立
　インド↳パキスタンと分裂して独立
　フィリピン↳アメリカから独立

(2)アフリカ諸国

①[アフリカの年]…17か国が独立
　↳1960年

②課題…南北問題
　↳先進工業国との経済格差の問題

満点への道　朝鮮戦争

1950年，東西両陣営の**冷戦**を背景に，**大韓民国**(韓国)と**朝鮮民主主義人民共和国**(北朝鮮)が開戦。**アメリカを中心とした国連軍**が韓国を，**中華人民共和国が義勇軍**を派遣して北朝鮮を支援《しえん》した。1953年，休戦協定が結ばれた。

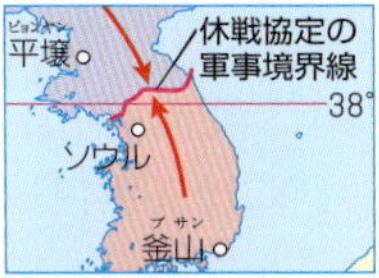

テストの例題チェック

❶ 1945年に成立した国際平和機構を何という？　（ 国際連合 ）

❷ 拒否権は，国際連合の何という理事会の常任理事国がもっているか？　（ 安全保障理事会 ）

❸ 戦火を交えない東西両陣営の対立を何という？　（ 冷戦(冷たい戦争) ）

❹ 西側陣営の集団安全保障機構を何という？　（ 北大西洋条約機構 ）

❺ 東側陣営の中心となった国はどこか？　（ ソ連 ）

❻ 1950年に朝鮮半島でおこった戦争を何という？　（ 朝鮮戦争 ）

❼ 1949年に成立した中国の正式名称《めいしょう》を何という？　（ 中華人民共和国 ）

56 独立の回復と55年体制

できたらチェック

1 日本の独立

超出る!

(1)朝鮮《ちょうせん》戦争の影響《えいきょう》

①[特需《とくじゅ》]景気《けいき》で経済復興《けいざいふっこう》が早まる
↳国連軍が日本に軍需物資を発注

②1950年，**警察予備隊**設置

(2)日本の独立

①[サンフランシスコ平和条約]締結《ていけつ》
…1951年，吉田茂内閣《よしだしげるないかく》が48か国と講和《こうわ》

②同時に[日米安全保障《ほしょう》条約]を結ぶ

③1952年，平和条約が発効《はっこう》し
日本が**独立を回復**

(3)日本の国際社会への復帰

①[日ソ共同宣言]でソ連と国交回復

②1956年，日本が[国際連合《こくさいれんごう》]に加盟
それまで反対していたソ連の賛成による↲

ミス注意
警察予備隊

警察予備隊は，**朝鮮戦争**で日本から出動したアメリカ軍のあとの日本の治安《ちあん》を守るという理由で設置された。1952年に**保安隊**，1954年に**自衛隊**へと発展した。

↑サンフランシスコ平和条約の調印
(共同通信社)

2 新安保条約

(1)1960年，日米安全保障条約を改定

①アメリカ軍の**日本防衛義務**

②他国からの武力攻撃《こうげき》に**日米共同防衛**

(2)影響…アメリカの軍事行動にまきこまれるとして，全国的な反政府運動である**安保闘争《あんぽとうそう》**がおこる

知っトク情報
安保闘争

安保闘争は，内閣打倒《だとう》をスローガンに，デモ隊が国会議事堂をとりまくなど反対運動が激《はげ》しくなり，**岸信介内閣《きしのぶすけないかく》**は条約改定後総辞職した。

テストでは…
日本の独立と国際社会復帰を実現した条約や宣言，日本の政治体制なども理解しておこう。

3 55年体制

(1)背景…冷戦が続くなか，アメリカの政策をめぐり，支持派と反対派が対立

(2)1955年，保守勢力の**自由民主党**・革《かく》新《しん》勢力の**日本社会党**が誕生
↳自民党
↳社会党（日米安全保障条約・自衛隊の設置などに反対）

(3)[**55年体制**]…1955年から，社会党と対立しながら自民党が政権を維持《いじ》→長期政権のもとで高度経済成長を達成

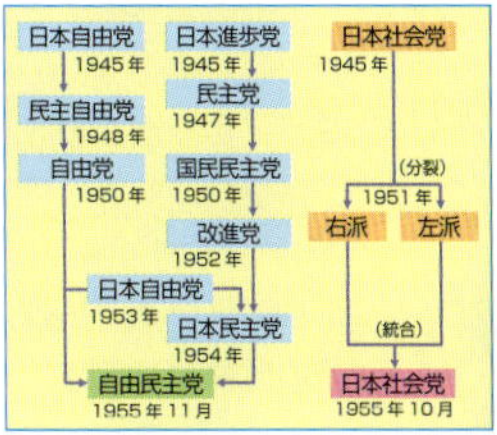

55年体制の流れ

自由民主党の成立
（毎日新聞社）

知っトク情報
55年体制の崩壊

1990年代に入ると世の中が不景気になり，自民党に対して不満の声があがった。すると自民党の中でも意見の対立がおき，党が分裂《ぶんれつ》，複数の新しい政党が結成された。こうして**1993年の衆議院総選挙**で，自民党は過半数を割りこみ，**非自民8党派連立**による**細川護熙《ほそかわもりひろ》内閣**が誕生した。この結果，**38年続いた55年体制が終わった。**

テストの例題 チェック

❶ 日本が独立を回復した条約が結ばれた都市は？（ サンフランシスコ ）

❷ 1951年にアメリカと結ばれた条約は何？（ 日米安全保障条約 ）

❸ 日本の国際連合加盟の背景となった宣言は何？（ 日ソ共同宣言 ）

❹ 新日米安全保障条約が結ばれたあと，アメリカの軍事行動にまきこまれるとして，おこった反政府運動は何？（ 安保闘争 ）

❺ 自由民主党が野党の日本社会党と対立しながら，1955年から約40年間にわたって政権を維持したことを何という？（ 55年体制 ）

57 緊張緩和と日本の外交

□ できたらチェック

1 緊張緩和の進展

(1)1950年代半ばごろから，冷戦のもとでの国際的な緊張《きんちょう》が緩和《かんわ》される

(2)アジア・アフリカ諸国《しょこく》の動き
↳A・A諸国

①[**アジア・アフリカ会議**](1955年)

・インドネシアのバンドンで開く
↳インドネシアの都市

・[**平和十原則**]採択《さいたく》…平和共存，植民地主義反対など

②1960年，アフリカで17か国が独立
↳アフリカの年

(3)**キューバ危機→核兵器抑制**《かくへいき よくせい》の声

(4)**ヨーロッパ共同体**([**EC**《イーシー》])…経済協力→**米ソに対抗**《たいこう》**する勢力**

(5)[**ベトナム戦争**]

①南ベトナムの内戦にアメリカが介入《かいにゅう》

②**アメリカ軍撤退**《てったい》→南北ベトナム統一
↳ベトナム社会主義共和国が成立

知っトク情報 原水爆禁止運動

1954年の，日本の漁船**第五福竜丸**《ふくりゅうまる》が，アメリカの水爆《すいばく》実験で**死の灰**《はい》をあび死者が出た事件をきっかけに，**原水爆**《げんすいばく》**禁止運動**が世界に広がった。

ミス注意 キューバ危機

1962年，**キューバ**に建設中のソ連の**ミサイル基地**撤去《てっきょ》をアメリカが要求したが，ソ連が拒否《きょひ》したため，米ソ間で**核戦争の危機**がおこった。

↑アフリカの独立

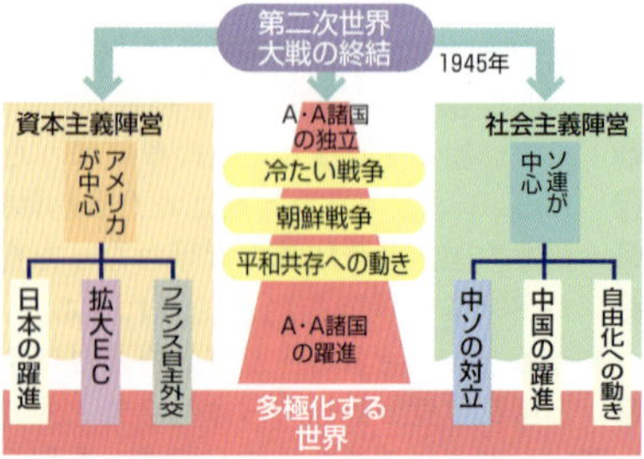

↑多極化する世界の動き（～1970年ごろ）

＊図中の「A・A諸国」は「アジア・アフリカ諸国」の略

テストでは… 冷戦の緊張が緩和したころのアジア・アフリカ，ヨーロッパなどの動きや，日本の外交なども理解しておこう。

1 日本の外交 超出る!

(1)領土の返還《へんかん》

①**小笠原諸島《おがさわらしょとう》**…アメリカから返還
↳1968年

②**沖縄《おきなわ》**…1972年，アメリカから返還
多くの軍事基地が残っている↲

③［**北方領土《ほっぽうりょうど》**］…ソ連に返還要求
↳現在はロシア連邦に返還要求

(2)アジア諸国との国交回復

①**朝鮮《ちょうせん》**…1965年，**日韓《にっかん》基本条約**→**韓国《かんこく》**と国交正常化
↳北朝鮮とは国交不成立

②**中国**…［**日中共同声明**］…国交正常化，1978年，**日中平和友好条約**
↳1972年　台湾の中華民国とは断行↲

③ビルマ，インドネシアなど東南アジアの国々とも国交を正常化
↳現在のミャンマー

(3)［**非核《ひかく》三原則**］（**核兵器を持たず，つくらず，持ちこませず**）…沖縄復帰運動のなかで，国の方針となる

⬆北方領土

満点への道 北方領土問題

日ソ共同宣言は出されたが，**国後島《くなしり》**・**択捉島《えとろふ》**の領有権をめぐり，日ソの主張が対立。**歯舞群島《はぼまいぐんとう》**・**色《しこ》丹《たん》島**は，日ソ間で平和条約が結ばれれば返還するとされたが，現在も実現していない。

テストの例題チェック

❶ アジア・アフリカ会議で採択された原則は何？（ 平和十原則 ）
❷ ヨーロッパ共同体の略称《りゃくしょう》を何というか？（ EC ）
❸ 米ソの間でおこった核戦争の危機を何という？（ キューバ危機 ）
❹ 1965年に東南アジアで激化した戦争を何という？（ ベトナム戦争 ）
❺ 日本と中国が国交を正常化することになった声明を何という？（ 日中共同声明 ）
❻ 日本の核兵器に対する基本方針を何という？（ 非核三原則 ）

58 日本の高度経済成長

□ できたらチェック

1 高度経済成長

(1)高度経済《けいざい》成長政策《せいさく》

・1960年，「所得倍増」のスローガン→高い経済成長率が続く
（└国民所得倍増計画）

・1968年，国民総生産が資本主義国中第2位→世界有数の経済大国に
（└GNP（ジーエヌピー））
（└1位はアメリカ）

(2)エネルギーの転換《てんかん》

・石炭から石油へ→炭鉱《たんこう》の閉山《へいざん》，石油化学コンビナートの建設

・重化学工業の発展

(3)高度経済成長のひずみ

①大都市への人口集中…過密《かみつ》・過疎《かそ》

②住宅不足・交通渋滞《じゅうたい》・公害

③四大公害病の発生→［公害対策《たいさく》基本法］，［環境庁《かんきょうちょう》］
（└1967年）
（└1971年，現在の環境省）

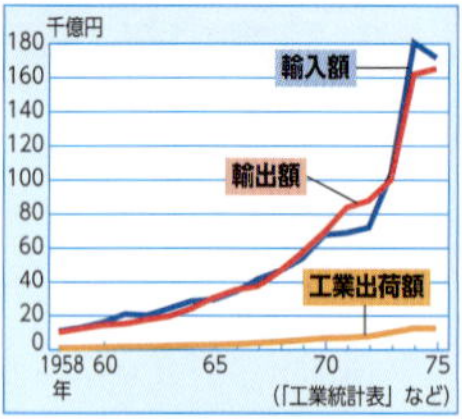

↑工業出荷額と貿易額の変化

満点への道 国民所得倍増計画

1960年，岸信介をついだ池田勇人《いけだはやと》首相は，国民所得倍増計画を「10年間で所得を2倍にする」と説明し，国民にアピールした。

満点への道 公害

公害対策基本法では，大気汚染《たいきおせん》・水質《すいしつ》汚濁《おだく》・土壌汚染《どじょうおせん》・騒音《そうおん》・振動《しんどう》・地盤沈下《じばんちんか》・悪臭《あくしゅう》を典型7公害と定義された。この定義は，1993年に制定された環境基本法にひきつがれた。

↑四大公害病

←大気汚染のためマスクをつけて通学する小学生（三重県四日市市・1965年）（毎日新聞社）

テストでは… 日本の高度経済成長の内容，それにともなう国民生活の変化などを理解しておこう。

2 国民生活の変化

(1)生活の変化

①国民所得の増加→電化製品・自動車の普及《ふきゅう》→生活が向上

（電化製品→三種の神器　自動車→3C）

②新幹線・高速道路の開通，東京オリンピック開催《かいさい》

(2)[石油危機]

（→石油ショック(オイルショック)ともいう(1973年)）

①原因…**石油輸出国機構**の石油の値上げ

（石油輸出国機構→オペック(OPEC)）

②影響《えいきょう》…高度経済成長が終わり，日本経済は**安定成長へと向かう**

ミス注意
三種の神器

1957年ごろに，白黒テレビ・電気洗《せん》濯機《たくき》・電気冷蔵庫《れいぞうこ》が**三種の神器《じんぎ》**とよばれ，1966年ごろには，カラーテレビ・クーラー・カー（自動車)が**3C**とよばれて，人々の欲《ほ》しいものトップ3といわれた。

用語マスター
石油輸出国機構

欧米《おうべい》の国際石油資本に対抗《たいこう》するために，1960年に**アラブの石油産出国**が結束してつくった組織。

家庭電化製品の普及　(共同通信社)

東京オリンピックの開会式

テストの例題 チェック

❶ 1960年代中心に，日本で高い経済成長率が続いたことを何という？
（ 高度経済成長 ）

❷ 四大公害病のうち，三重県でおこったものは何？（ 四日市ぜんそく ）

❸ 1967年に公害対策のために制定された法律は？（ 公害対策基本法 ）

❹ 1971年に公害対策のために設置された機関は？（ 環境庁 ）

❺ 1973年に原油の値上げが原因で経済が混乱したことを何という？
（ 石油危機 ）

59 冷戦後の国際社会

1 東ヨーロッパの動き　超出る!

(1)[ソ連解体](1991年)

①ペレストロイカによる自由化と混乱《こんらん》
↳政治・経済の改革

②バルト3国の独立→**独立国家共同体(CIS《シーアイエス》)成立**
↳エストニア・ラトビア・リトアニア

(2)**東ヨーロッパ**…ソ連の干渉《かんしょう》がなくなり民主化の動きが進む

(3)**ドイツの動き**…1989年，[ベルリンの壁《かべ》]がくずされる→1990年，**東西ドイツが統一**を達成
↳東西対立の象徴

2 冷戦の終結　超出る!

(1)[冷戦]終結…1989年，マルタ会談で米ソの間で宣言
↳ブッシュ大統領(米)とゴルバチョフ共産党書記長(ソ)

(2)国際協調への動き

①**主要国首脳《しゅのう》会議(サミット)**…地球サミット，地球温暖化防止京都会議
↳1992年　↳1997年

②[EU《イーユー》](**ヨーロッパ連合**)
↳1993年発足

・経済的・政治的統合をめざす

・人，物，サービスの移動自由

・共通通貨[ユーロ]を導入

③1989年，**アジア太平洋経済協力会議**
↳APEC(エイペック)

用語マスター　ペレストロイカ

ペレストロイカは「立て直し」の意味。**ゴルバチョフ政権**は，情報の公開，議会の民主化，市場《しじょう》原理の導入，アメリカとの協調・軍縮などの政策を進めて，政治・経済の立て直しをめざしたが，失敗した。

満点への道　独立国家共同体

1991年に，ソ連を構成していたロシアなど11の共和国が**独立国家共同体**(CIS)を結成し，**ソ連が解体**した。

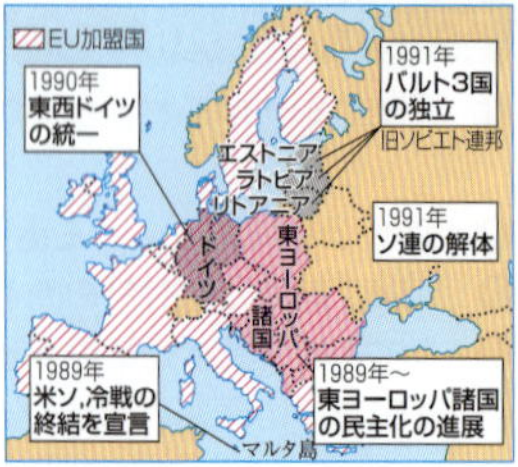

↑激変する今日のヨーロッパ

テストでは… アジア・ソ連・ヨーロッパの動きとEUなどについて問われることが多い。地域紛争と国連の活動も理解しておこう。

3 世界の地域紛争

(1)原因…[民族]・**宗教**・**文化**などのちがい

(2)影響《えいきょう》…大量破《は》壊《かい》兵器の広がり，テロリズム(テロ)，**難民《なんみん》**の発生

(3)**湾岸《わんがん》戦争**(1991年)，[同時多発テロ](2001年)，**イラク戦争**(2003年)，

(4)**国連**の活動…[平和維《い》持《じ》活動](**PKO**《ピーケーオー》)，**非政府組織**(**NGO**《エヌジーオー》)

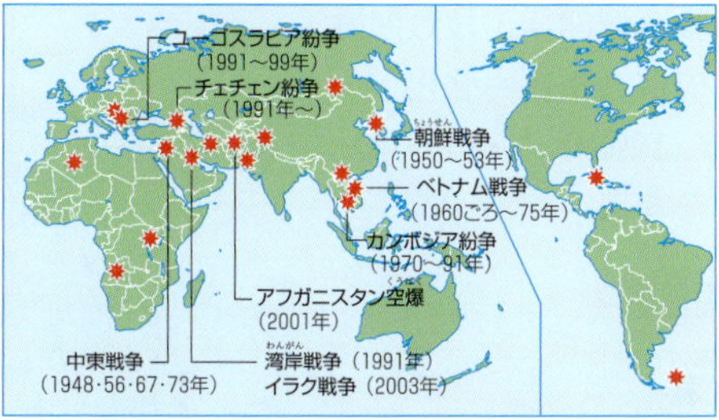

第二次世界大戦後のおもな地域紛争

満点への道 アメリカ同時多発テロ

2001年9月11日，テロ組織にハイジャックされた航空機が，ニューヨークの世界貿易センタービルとワシントンの国防総省に激突《げきとつ》した。

知っトク情報 平和維持活動

平和維持活動は，安全保《ほ》障《しょう》理事会で決議したあと，紛争《ふんそう》当事国の同意を得たうえで，国連加盟国が自主的に人員を派《は》遣《けん》する。

テストの例題 チェック

❶ 冷戦の象徴《しょうちょう》といわれた壁があった都市はどこ？ (ベルリン)

❷ 1993年に発足した，ヨーロッパの政治的・経済的な統合をめざす組織の略称《りゃくしょう》は何？ (EU)

❸ EUで導入された共通通貨を何という？ (ユーロ)

❹ アメリカの貿易センタービルにハイジャックされた航空機が突入《とつにゅう》したできごとなどを何とよんでいるか？ (同時多発テロ)

❺ 国連平和維持活動の略称は何？ (PKO)

60 変化のなかの日本

できたらチェック

1 冷戦終結後の日本　超出る!

(1)**日本の国際貢献《こうけん》**

①発展途上国《はってんとじょうこく》への経済援助《けいざいえんじょ》

②世界平和への貢献…1992年, **平和維《い》持《じ》活動協力法**→[自衛隊の海外派遣《はけん》]

「PKO協力法」ともいう

(2)東アジアへの対応

①冷戦で分断されたままの地域→紛争《ふんそう》の火種

韓国と北朝鮮，中国と台湾

②**北朝鮮《きたちょうせん》問題**…**核兵器《かくへいき》開発**, **拉致《らち》問題**→アメリカとの協力関係を強化

(3)**55年体制の終了《しゅうりょう》**(1993年)→2009年, 民主党が第一党となる

2 バブル崩壊後の日本

(1)**バブル景気の到来《とうらい》**

①発生…1980年代末, 株式と土地の値段が異常に高騰《こうとう》し, 好景気となる

②崩壊《ほうかい》…1991年以降, 不景気が続く

(2)2008年, **世界金融《きんゆう》危機**がおこり, 深刻な不景気となる

(3)[産業の空洞化《くうどうか》]…国内の工場の海外移転で, 国内の生産力が低下

(4)**財政赤字**の問題

満点への道　自衛隊の派遣

平和維持活動協力法の制定により, 自衛隊の平和維持活動への参加が可能となった。さらに, 2001年の**テロ対策特別措置法**の制定により, 自衛隊を戦時に海外へ派遣することが可能となった。

用語マスター　バブル景気

バブルとは, 英語で「**あわ**」を意味し, お金のやりとりだけで, 株式や土地の値段がふくれあがる状態をいう。**1985年のプラザ合意**によって**円高**が進むと, **銀行の金利が低く**なった。すると, 銀行にだぶついた**お金が株式や土地の投機に流れ**, 値段が異常に高騰した。

テストでは… 国連の活動への参加，地球環境《かんきょう》問題，日本のかかえる課題などが問われる可能性が高い。

3 これからの日本 超出る!

(1)日本の課題

①**差別の撤廃《てっぱい》，人権の尊重《そんちょう》**
↳部落差別，人種差別など

②[**少子高齢《こうれい》社会**]…安心してくらせる社会保障《ほしょう》制度の構築

③政治への積極的参加，**地方分権**

④国際貢献の持続…経済援助，世界平和
日本は戦争による唯一の被爆国↵

(2)**世界の**[**グローバル化**]…国境をこえた経済活動，情報の活用
↳一体化

(3)地球環境問題への取り組み
↳大気汚染，酸性雨，地球温暖化，オゾン層の破壊

…[**地球温暖化防止京都会議**]→**温室効果ガスの排《はい》出削減《しゅつさくげん》**
↳京都議定書

(4)[**持続可能な社会**]…地球市民としての意識の必要性

ミス注意
地球温暖化防止京都会議
1997年に京都市で開かれた国際会議。地球温暖化の原因の一つとされる温室効果ガスの排出量を減らすことで，先進国が合意し，2008年～2012年の間に目標を達成するとした。

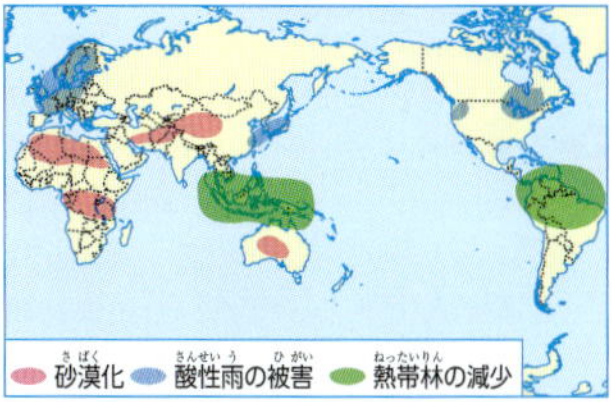

↑地球環境破壊の広がり

テストの例題チェック

❶ 平和維持活動協力法の制定で可能となったことは？（自衛隊の海外派遣）

❷ 1980年代末の異常な好景気を何という？（バブル景気）

❸ 工場の海外移転で国内の生産力が低下することを何という？（産業の空洞化）

❹ 国境をこえて経済活動や情報のやりとりが行われることを何という？（グローバル化）

❺ 地球の気温が上昇《じょうしょう》する地球環境問題は何？（地球温暖化）

最終チェックリスト

※うまく思い出せない人物・事項は該当ページに戻って，見直してみましょう。
複数ページにのっているものは，特に詳しいページを太字で示しています。

重要人物39 大昔～安土・桃山

あ
- □足利尊氏《あしかがたかうじ》……**39**・40
- □足利義政《あしかがよしまさ》……**45**・**46**
- □足利義満《あしかがよしみつ》……**40**・**42**・46
- □栄西《えいさい》……36
- □織田信長《おだのぶなが》……55
- □小野妹子《おののいもこ》……20

か
- □鑑真《がんじん》……25
- □桓武天皇《かんむてんのう》……26
- □行基《ぎょうき》……24
- □空海《くうかい》……26
- □後醍醐天皇《ごだいごてんのう》……**39**・40
- □コロンブス……52

さ
- □最澄《さいちょう》……26
- □始皇帝《しこうてい》……12
- □シャカ……12
- □聖徳太子《しょうとくたいし》……20
- □聖武天皇《しょうむてんのう》……24
- □親鸞《しんらん》……36
- □菅原道真《すがわらのみちざね》……28
- □清少納言《せいしょうなごん》……29
- □雪舟《せっしゅう》……46

た
- □平清盛《たいらのきよもり》……31
- □道元《どうげん》……36
- □豊臣秀吉《とよとみひでよし》……56

な
- □中臣鎌足《なかとみのかまたり》(藤原《ふじわら》鎌足)……**22**・27
- □中大兄皇子《なかのおおえのおうじ》……22
- □日蓮《にちれん》……36

は
- □バスコ=ダ=ガマ……52
- □卑弥呼《ひみこ》……17
- □藤原道長《ふじわらのみちなが》……27
- □フビライ=ハン……38
- □フランシスコ=ザビエル……54
- □北条時宗《ほうじょうときむね》……38
- □法然《ほうねん》……36

ま
- □マゼラン……52
- □源頼朝《みなもとのよりとも》……32
- □ムハンマド……48
- □紫式部《むらさきしきぶ》……29

ら
- □ルター……51

重要事項105 大昔～安土・桃山

あ
- □アウストラロピテクス……8
- □校倉造《あぜくらづくり》……25
- □イエズス会……51
- □イスラム教……48
- □岩宿遺跡《いわじゅくいせき》……14
- □院政《いんせい》……31
- □インダス文明……10・**12**
- □永仁《えいにん》の徳政令《とくせいれい》……39
- □エジプト文明……10
- □応仁《おうにん》の乱……45

か
- □貝塚《かいづか》……15
- □刀狩《かたながり》……56
- □鎌倉幕府《かまくらばくふ》……32
- □勘合《かんごう》貿易(日明《にちみん》貿易)……**42**・62
- □関白《かんぱく》……27・**56**
- □管領《かんれい》……41
- □キリスト教……13
- □くさび形文字……11

□クロマニョン人……8
□元寇《げんこう》……38
□源氏《げんじ》……30
□遣隋使《けんずいし》……20
□遣唐使《けんとうし》……**25**・28
□建武《けんむ》の新政《しんせい》……39
□甲骨《こうこつ》文字……12
□公地・公民……22
□国司《こくし》……23・**27**
□国分寺《こくぶんじ》……24
□高句麗《コグリョ》……19
□御成敗式目《ごせいばいしきもく》……33
□高麗《コリョ》……28
□金剛力士像《こんごうりきしぞう》……37
□墾田永年私財法《こんでんえいねんしざいのほう》……24
さ
□座《ざ》……44
□三内丸山遺跡《さんないまるやまいせき》……15
□執権《しっけん》……33
□地頭《じとう》……**32**・**34**
□宗教改革《しゅうきょうかいかく》……51
□十字軍……49
□十七条《じょう》の憲法《けんぽう》……20
□守護《しゅご》……32
□守護大名《しゅごだいみょう》……40
□朱子学《しゅしがく》……28・**69**・70
□書院造《しょいんづくり》……46
□荘園《しょうえん》……24・27
□承久《じょうきゅう》の乱……33
□正倉院《しょうそういん》……25
□縄文《じょうもん》土器……15
□シルクロード(絹の道)……12
□新羅《シルラ》……19・**22**
□壬申《じんしん》の乱……23
□寝殿造《しんでんづくり》……29
□摂政《せっしょう》……**20**・**27**
□前方後円墳《ぜんぽうこうえんふん》……18
□惣《そう》……44
□租《そ》・調《ちょう》・庸《よう》……23
た
□大化《たいか》の改新《かいしん》……22
□太閤検地《たいこうけんち》……56
□大宝律令《たいほうりつりょう》……23
□平将門《たいらのまさかど》の乱……30
□高床倉庫《たかゆかそうこ》……16
□打製《だせい》石器……9
□竪穴《たてあな》住居……15
□壇ノ浦《だんのうら》の戦い……32
□中国(黄河《こうが》)文明……10・**12**
□長安《ちょうあん》……**20**・24
□朝鮮侵略《ちょうせんしんりゃく》……56
□定期市……**35**・**44**
□土一揆《どいっき》……44
□東大寺《とうだいじ》……24
□土偶《どぐう》……15
□土倉《どそう》・酒屋《さかや》……44
□渡来人《とらいじん》……19
な
□長篠《ながしの》の戦い……55
□奴国《なのくに》……17
□南蛮《なんばん》貿易……54
□日宋《にっそう》貿易……31
□能《のう》(能楽《のうがく》)……46
は
□馬借《ばしゃく》……44
□埴輪《はにわ》……18
□平等院鳳凰堂《びょうどういんほうおうどう》……29
□藤原純友《ふじわらのすみとも》の乱……30
□分国法《ぶんこくほう》……45
□平家物語《へいけものがたり》……37
□平氏《へいし》……30
□平治《へいじ》の乱……31
□百済《ペクチェ》……19・22
□封建《ほうけん》制度……**32**・**48**
□法隆寺《ほうりゅうじ》……21
ま
□磨製《ませい》石器……**9**・**15**
□万葉集《まんようしゅう》……25
□室町幕府《むろまちばくふ》……40

□メソポタミア文明……10・11
や □邪馬台国《やまたいこく》……17
□大和政権《やまとせいけん》……18
□弥生土器《やよいどき》……16
□吉野ヶ里遺跡《よしのがりいせき》……16
□寄合《よりあい》……44
ら □楽市《らくいち》・楽座《らくざ》……55
□律令《りつりょう》……20
□琉球王国《りゅうきゅう》……43
□ルネサンス……50
□六波羅探題《ろくはらたんだい》……33
□ローマ帝国……48
わ □倭寇《わこう》……42

重要人物 44 江戸時代～現代《げんだい》

あ □井伊直弼《いいなおすけ》……**82**・83
□板垣退助《いたがきたいすけ》……90
□伊藤博文《いとうひろぶみ》……91
□犬養毅《いぬかいつよし》……109
□伊能忠敬《いのうただたか》……70
□井原西鶴《いはらさいかく》……67
□ウィルソン……102
□歌川《うたがわ》(安藤《あんどう》)広重《ひろしげ》……71
□大久保利通《おおくぼとしみち》……84
□大隈重信《おおくましげのぶ》……**90**・98
か □葛飾北斎《かつしかほくさい》……71
□ガンディー……103
□北里柴三郎《きたさとしばさぶろう》……98
□木戸孝允《きどたかよし》……84
□小村寿太郎《こむらじゅたろう》……92
さ □西郷隆盛《さいごうたかもり》……**84**・**90**
□坂本龍馬《さかもとりょうま》……84
□杉田玄白《すぎたげんぱく》……70
□孫文《スンウェン》……95
た □高野長英《たかのちょうえい》……70・80
□近松門左衛門《ちかまつもんざえもん》……67
□徳川家光《とくがわいえみつ》……59
□徳川家康《とくがわいえやす》……58
□徳川綱吉《とくがわつなよし》……66
□徳川慶喜《とくがわよしのぶ》……85
□徳川吉宗《とくがわよしむね》……66
な □ナポレオン……75
□野口英世《のぐちひでよ》……98
は □ヒトラー……107
□フェノロサ……99
□福沢諭吉《ふくざわゆきち》……**89**・98
□ペリー……82
ま □松尾芭蕉《まつおばしょう》……67
□マッカーサー……112
□松平定信《まつだいらさだのぶ》……69
□水野忠邦《みずのただくに》……81
□ムッソリーニ……107
□陸奥宗光《むつむねみつ》……92
□本居宣長《もとおりのりなが》……70
□モンテスキュー……74
や □吉野作造《よしのさくぞう》……104
ら □リンカーン……77
□レーニン……101
わ □ワシントン……74

重要事項 124 江戸時代～現代

あ □アヘン戦争……78
□アメリカ独立戦争……74
□安政《あんせい》の大獄《たいごく》……83
□EU《イーユー》(ヨーロッパ連合)……124
□異国船打払令《いこくせんうちはらいれい》……80
□インドの大反乱……79
□打ちこわし……68
□江戸幕府《えどばくふ》……58
□大塩平八郎《おおしおへいはちろう》の乱……81
□御触書《おふれがき》……61
か □解体新書《かいたいしんしょ》……70

□学制……88
□株仲間《かぶなかま》……**64**・**68**・**81**
□樺太《からふと》・千島交換条約《ちしまこうかんじょうやく》……87
□韓国併合《かんこくへいごう》……95
□関税自主権……**82**・**92**
□寛政《かんせい》の改革《かいかく》……**69**・80
□関東大震災《かんとうだいしんさい》……105
□教育基本法……115
□教育勅語《きょういくちょくご》……98
□享保《きょうほう》の改革《かいかく》……**66**・80
□近代革命……72
□公事方御定書《くじかたおさだめがき》……66
□原水爆禁止《げんすいばくきんし》運動……120
□権利章典《けんりしょうてん》……73
□五《ご》・一五《いちご》事件……109
□五街道《ごかいどう》……65
□五箇条《ごかじょう》の御誓文《ごせいもん》……86
□五か年計画……107
□国学《こくがく》……70
□国際連合《こくさいれんごう》……116
□国際連盟……**102**・108
□五《ご》・四《し》運動……103
□55年体制……119
□国家総動員法《こっかそうどういんほう》……109
□五人組……61
□米騒動《こめそうどう》……101

さ
□財閥解体《ざいばつかいたい》……114
□桜田門外《さくらだもんがい》の変《へん》……83
□鎖国《さこく》……63
□薩長同盟《さっちょうどうめい》……84
□サラエボ事件……100
□三《さん》・一独立《いちどくりつ》運動……103
□産業革命……**76**・96
□参勤交代《さんきんこうたい》……59
□三国干渉《さんごくかんしょう》……93
□三国協商……100
□三国同盟……100
□サンフランシスコ平和条約……118
□島原《しまばら》・天草一揆《あまくさいっき》……63
□下関条約《しものせきじょうやく》……93
□朱印状《しゅいんじょう》……62
□自由党……90
□自由民権運動《じゆうみんけんうんどう》……90
□生類憐《しょうるいあわれ》みの令《れい》……66
□辛亥《しんがい》革命……95
□人権宣言……75
□親藩《しんぱん》……59
□征韓論《せいかんろん》……87
□西南《せいなん》戦争……90
□世界恐慌《せかいきょうこう》……106
□関ヶ原《せきがはら》の戦い……58
□全国水平社……105
□ソ連解体……124
□尊王攘夷論《そんのうじょういろん》(運動《うんどう》)……**80**・**84**

た
□第一次世界大戦……100
□大正デモクラシー……104
□大政奉還《たいせいほうかん》……85
□第二次世界大戦……110
□大日本帝国憲法《ていこくけんぽう》……91
□太平天国《たいへいてんごく》……78
□太平洋戦争……110
□治安維持法《ちあんいじほう》……104
□地租改正《ちそかいせい》……88
□朝鮮《ちょうせん》戦争……117
□徴兵令《ちょうへいれい》……88
□帝国主義……94
□寺子屋《てらこや》……70
□天保《てんぽう》の改革……80・**81**
□独立宣言……74
□外様大名《とざまだいみょう》……59

な
□南北戦争……77
□西廻《にしまわ》り航路……65
□二十一か条の要求……101
□日英同盟《にちえいどうめい》……**94**・101

□日独《にちどく》伊《い》三国同盟《さんごくどうめい》……110
□日米安全保障条約……118
□日米修好通商条約《にちべいしゅうこうつうしょうじょうやく》……82
□日米《にちべい》和《わ》親条約《しんじょうやく》……82
□日《にち》露《ろ》戦争……94
□日清《にっしん》戦争……92
□日ソ共同宣言……118
□日中共同声明……121
□日中《にっちゅう》戦争……109
□二《に》・二六《にろく》事件……109
□日本国憲法《こくけんぽう》……114
□ニューディール政策……106
□農《のう》地《ち》改革《かいかく》……114
□ノルマントン号事件……92

は

□廃藩《はいはん》置《ち》県《けん》……86
□非核三原則……121
□百姓一《ひゃくしょういっ》揆《き》……68
□ピューリタン革命……73
□ファシズム……107
□武《ぶ》家《け》諸法度《しょはっと》……59
□譜代大名《ふだいだいみょう》……59
□普通選挙制(法)……77・**104**
□フランス革命……75
□平和《へいわ》維持《いじ》活動《かつどう》(PKO)……125
□ベトナム戦争……120
□ベルサイユ条約……102
□ポーツマス条約……95
□戊辰《ぼしん》戦争……85
□ポツダム宣言……111

ま

□満州《まんしゅう》事変《じへん》……108
□名誉《めいよ》革命《かくめい》……73
□目安箱《めやすばこ》……66

や

□八幡《やはた》製鉄所……96
□ユーロ……124

ら

□蘭学《らんがく》……70
□立憲改進党《りっけんかいしんとう》……90
□領事裁判権(治外法権《ちがいほうけん》)……**82**・**92**
□冷戦……116・124
□ロシア革命……101

※赤フィルターの材質は「ポリプロピレン」です。
◆この本は下記のように環境に配慮して制作しました。
・製版フィルムを使用しないCTP方式で印刷しました。
・環境に配慮して作られた紙を使用しています。

データ管理コード 15-1772-4543(CS2)

出るナビ　中学歴史

⑥